ISBN 978-0-282-95404-8
PIBN 10366245

English
Français
Deutsche
Italiano
Español
Português

www.forgottenbooks.com

Mythology Photography **Fiction**
Fishing Christianity **Art** Cooking
Essays Buddhism Freemasonry
Medicine **Biology** Music **Ancient**
Egypt Evolution Carpentry Physics
Dance Geology **Mathematics** Fitness
Shakespeare **Folklore** Yoga Marketing
Confidence Immortality Biographies
Poetry **Psychology** Witchcraft
Electronics Chemistry History **Law**
Accounting **Philosophy** Anthropology
Alchemy Drama Quantum Mechanics
Atheism Sexual Health **Ancient History**
Entrepreneurship Languages Sport
Paleontology Needlework Islam
Metaphysics Investment Archaeology
Parenting Statistics Criminology
Motivational

CLASSIFICATION

DES

DIALECTES ARMÉNIENS

PAR

H. ADJARIAN

ÉLÈVE DIPLÔMÉ DE L'ÉCOLE DES HAUTES ÉTUDES

PARIS

LIBRAIRIE HONORÉ CHAMPION, ÉDITEUR

5, QUAI MALAQUAIS

—

1909

Cet ouvrage forme le 173e fascicule de la Bibliothèque de l'École des Hautes Études.

BIBLIOTHÈQUE
DE L'ÉCOLE
S HAUTES ÉTUDES

PUBLIÉE SOUS LES AUSPICES

J MINISTÈRE DE L'INSTRUCTION PUBLIQUE

NCES HISTORIQUES ET PHILOLOGIQUES

CENT SOIXANTE-TREIZIÈME FASCICULE

CLASSIFICATION DES DIALECTES ARMÉNIENS

PAR

H. ADJARIAN

PARIS
AIRIE HONORÉ CHAMPION, ÉDITEUR
5, QUAI MALAQUAIS
—
1909

Sur l'avis de M. A. MEILLET, directeur adjoint des conférences de grammaire comparée, et de MM. R. GAUTHIOT et F. MACLEB, commissaires responsables, le présent mémoire a valu à M. II. ADJARIAN le titre *d'élève diplômé de la section d'histoire et de philologie de l'École pratique des Hautes Études.*

Paris, le 5 janvier 1908.

Le directeur de la Conférence,
A. MEILLET.

Les commissaires responsables,
R. GAUTHIOT, F. MACLER.

Le Président de la Section,
G. MONOD.

INTRODUCTION

L'objet du présent travail est de classer les dialectes de l'arménien moderne, de définir la limite du territoire qu'ils occupent, d'en marquer le caractère général et d'esquisser les différences typiques par lesquelles ils se distinguent les uns des autres.

Il convient d'indiquer sommairement, avant d'entrer en matière, les caractéristiques générales qui séparent l'arménien moderne de l'arménien classique. C'est d'autant plus nécessaire que nous croyons inutile de revenir sur ces différences à propos de chacun des dialectes étudiés.

Les différences qui séparent l'arménien moderne de l'arménien ancien se groupent en quatre catégories :

   I. Différences phonétiques.
   II.   »   lexicographiques.
   III.   . »   morphologiques.
   IV.   »   syntaxiques.

I. — Différences phonétiques.

L'arménien ancien possédait les 45 phonèmes suivants :

7 voyelles : *a, e, ē, ə, i, o, u* (ա, ե, է, ը, ի, ո, ու)

8 diphtongues : *ai, au, ea, eu, eau, iu, oi, ua* (այ, աւ, եա, եւ, եաւ, իւ, ոյ, ուա)

30 consonnes :   *b*   *p*   *p´*   (բ   պ   փ)

                     d   *t*   *t´*   (դ   տ   թ)

                     g   *k*   *k´*   (գ   կ   ք)

Dialectes arméniens.

$$(\ \ \jmath \ )$$
$$\acute{c} \qquad\qquad (\ \ \ \ \ )$$
$$y \ r \ \acute{r} \ l \ \acute{l} \ \ddot{w} \ v \ m \ n \quad (\ \ \ \ \ \ \ \ \ )$$
$$\ \ \ \ s \ \acute{s} \qquad\quad (\ \ \ \ )$$
$$h \qquad\qquad (\ \ \ )$$

L'arménien moderne a introduit dans ce système phonétique les changements suivants :

1. Il a supprimé parmi les voyelles le phonème *ē* (ē) dont la prononciation ancienne n'est pas encore bien déterminée ; *ē* s'est confondu presque partout avec *e* (ե), de sorte que les deux espèces d'*e* de l'ancien arménien (*e*, *ē*) se trouvent réduites à une seule. Quelques-uns des dialectes modernes (Erzeroum, Mouch, Van, Diarbékir) ont changé l'*e* accentué en *ie*, de façon que la différence de deux *e* subsiste encore, et se marque sous l'accent par une opposition de *e* (ancien ē) et de *ie* (ancien ե). Toutefois la distinction est maintenue à l'initiale dans les deux langues littéraires modernes, où l'ancien ē-(ē-) se prononce *e-*, et l'ancien ե-(*e-*) *ye-*.

2. Dans la série des voyelles, les dialectes modernes ont ajouté quelques nouveaux phonèmes : les principaux sont *ä, ö, ü*; la langue littéraire ne les a pas acceptés, sauf *ö* et *ü* dans des mots étrangers ; *ä* est tout à fait absent des langues littéraires.

3. L'arménien moderne n'admet pas de diphtongues en général ; il les représente par des voyelles simples ou par des groupes de voyelle + consonne ; quelques dialectes ont créé de nouvelles diphtongues. Les langues littéraires ont rétabli en grande partie les diphtongues et leur ont donné des formes qui ne se retrouvent pas en général dans les dialectes :

anc. arm.	diäl.	arm. mod. (litt.)
ai	*a, e*	*ay*
au	*o*	*o*
ea	*e*	*ya*
eu	*ev*	*ev*
eau	*ev*	*ev*
iu	*u* (dev. cons.)	*ü, yu, yü, iu*

oi	u	·	uy
ua	va		va

3. L'arménien ancien connaissait trois séries d'explosives (sonores, sourdes et sourdes aspirées). La série des sourdes aspirées s'est conservée partout, mais la série des sonores et celle des sourdes simples ont échangé leurs rôles dans beaucoup de parlers ; le détail sera indiqué à propos de chaque dialecte. Quelques-uns des dialectes présentent une autre série d'explosives, celle des sonores aspirées (*bh, dh, gh, jh, jh,*) qui représentent les sonores բ, դ, գ, ձ, ջ (dont la prononciation exacte n'est pas connue). La langue littéraire orientale garde l'état ancien des consonnes, mais celle de l'occident représente les sonores par des sourdes aspirées, et les sourdes par des sonores : v. Adjarian, *Les explosives de l'ancien arménien*, dans la *Parole*, I (année 1899, p. 119 et suiv.).

4. Parmi les autres consonnes, les principales innovations concernent *y* et *ł* qui ont entièrement changé de prononciation : *y* initial est tombé dans presque tous les dialectes ; les deux langues littéraires le représentent toujours par *h* ; *ł* est devenu γ (spirante sonore postpalatale) aussi bien dans les dialectes que dans les langues littéraires.

5. La consonne *f* était inconnue à l'arménien ancien. Les dialectes modernes l'ont créée, les uns par emprunt aux langues étrangères, les autres par voie phonétique. Les langues littéraires ne l'emploient que pour transcrire les mots étrangers.

6. Chute de *a*. Dans la plupart des dialectes modernes, notamment dans ceux qu'on nomme d'ordinaire dialectes occidentaux, un *a* d'un polysyllabe, placé ailleurs qu'en première ou en dernière syllabe, tombe. Cette loi se manifeste clairement dans la déclinaison ; par exemple de բերան « bouche » : gén. *berni*, abl. *berne*, instr. *bernov* ; de քաղաք « ville », gén. *k῾ałk῾i*, abl. *k῾ałk῾e*, instr. *k῾ałk῾ov* ; et de même *hatnil, harsnik῾*, etc., en regard des anciennes formes հատանել, հարսանիք, etc. Les suites de consonnes qui résultent de là ont souvent entraîné des changements phonétiques ultérieurs ; ainsi *asnil* de *ančnil*, ancien անցանել « passer » ; *jašnal* de *jančnal* (cf. anc. ճանաչել) ; *gožgel* « boutonner » de *gojgel* (de կոճակ « bouton ») ; etc.

7. Certains cas de métathèse de *r* sont communs à tous les dialectes : *garmunj* en face du class. *կամուրջ* « pont » ; *garbed* en face du class. *կապերտ* (sorte de tapis) [1]. Le mot dialectal *փիփերդ* « mauve » a la forme *p'irp'et* dans le dialecte du Karabagh.

8. Il y a développement de *n* devant consonne, après voyelle précédée de nasale, en syllabe finale : *menk'* « nous » (*մէք*), *gananč* « vert » (*կանաչ*), *garmunj* (v. le paragraphe précédent), *jananč* « connu » (voir le n° 6), *anonk'* « ceux-là » (*նոքա*). L'addition d'une nasale dans un cas comme *k'int'* « nez », en regard de v. arm. *քիթ* n'est pas purement phonétique et doit reconnaître une autre cause.

9. Pour *ասել* « dire » et *անել* « faire » de l'arménien classique, les dialectes modernes « orientaux » ont généralement *asel, anel*, tandis que les dialectes « occidentaux » ont *ə* initial : *əsel, ənel (enel* à Erzeroum).

II. — DIFFÉRENCES LEXICOGRAPHIQUES.

Le vocabulaire a beaucoup changé. Une grande partie des mots de l'ancien arménien ne se trouvent plus dans les dialectes modernes ou ont changé de signification. Des mots nouveaux, inconnus à l'ancien arménien apparaissent dans les dialectes modernes ; j'en évalue le nombre à 30.000, sans compter ceux qui ont été créés par les littérateurs. Les mots qui sont communs à la langue ancienne et à la langue moderne ont subi des changements phonétiques qui ne s'expliquent pas toujours aisément à l'aide des lois phonétiques générales. Dans certains dialectes, on rencontre des mots assez difformes pour qu'on n'en puisse plus reconnaître au premier abord la forme primitive : à Moks *xa*, cf. v. arm. *het* « avec » ; à Zeïtoun *bayob*. v. arm. *paŕav* « vieille femme »; à Hamšen *onluxk'*, v. arm. *ananux* « menthe ». Le nombre de ces cas n'est pas considérable.

Les dialectes modernes ont aussi une foule de mots empruntés aux langues étrangères voisines ; le nombre et la qualité de ces

1. Voir maintenant M. Grammont, dans *Mélanges de linguistique F. de Saussure*, p. 241 et suiv. (note de corr.).

emprunts varient suivant la position de chacun des dialectes. Au premier rang se trouve le turc, qui a eu une grande influence sur tous les dialectes arméniens sans exception. Le nombre des mots empruntés au turc est de 4200 dans le dialecte de Constantinople ; les dialectes de l'Arménie ne doivent avoir que la moitié environ de ce nombre (v. Ս՟մատեան, Թուրքերէնէ փոխառեալ բառեր, Moscou, 1902). Viennent ensuite le kurde, le géorgien, le russe et l'italien. Les emprunts kurdes dont le nombre est encore inconnu, se trouvent dans les dialectes de Muš, de Van et de Diarbékir, les emprunts géorgiens seulement dans les dialectes de Tiflis et d'Artwin. Les emprunts russes, dont j'évalue le nombre moyen à 600, se rencontrent dans tous les dialectes de Russie; à Nakhitchévan sur le Don, ils se comptent par milliers. Les emprunts italiens se trouvent seulement dans le dialecte de Constantinople et ses environs. On a encore des emprunts au roumain, au polonais et au hongrois, ces derniers dans le dialecte d'Autriche-Hongrie seulement.

Les langues littéraires n'admettent presque aucune de ces innovations lexicologiques ; la forme des mots de l'ancien arménien y est rétablie partout (sauf quelques rares exceptions). Les mots nouveaux des dialectes ne tendent à pénétrer dans l'usage littéraire que depuis peu, et les mots étrangers en sont tout à fait exclus en principe. Ainsi on pourrait dire qu'il n'y a presque pas de différence lexicographique entre la langue ancienne et les langues littéraires modernes, dont le vocabulaire est extrêmement archaïsant et diffère beaucoup de celui des parlers populaires.

III. — Différences morphologiques.

Les différences morphologiques sont graves tant dans les dialectes modernes que dans les deux langues littéraires. Ces différences tendent à la simplification de la langue ; l'analogie a fait généraliser les formes régulières les plus habituelles.

1. La déclinaison ancienne, dont l'extrême complexité faisait de grandes difficultés, est réduite à une simplicité parfaite ; de ses nombreux thèmes il n'en existe plus qu'un qui soit normal ; le géni-

tif-datif et l'ablatif du singulier ont respectivement les finales *-i* et
-e qui étaient communes aux thèmes en *-a-* et aux thèmes en *-i-* ;
l'instrumental a emprunté la forme des thèmes en *-o-*. Le pluriel
est tout à fait nouveau : tandis que l'arménien ancien forme les cas
du pluriel au moyen de suffixes (*-k'*, *-c*, *-s*, etc.) variables suivant
les cas et les thèmes, la langue moderne a créé deux suffixes
invariables : *-er* pour les monosyllabes et *-ner* pour les polysyllabes (pour l'explication de ces formes, v. Karst, *Hist. gramm.
d. Kilik. arm.*, p. 169 et suiv., et Pedersen, *K.Z.*, XXXIX, p. 465
et suiv.). Les cas obliques du pluriel sont formés sur ce thème
en *-er* ou en *-ner* avec la même caractéristique qu'au singulier ;
seulement le génitif-datif a la désinence *-u*, qui au singulier
est propre à un très petit nombre de mots.

Tel est l'état dans la majeure partie des dialectes modernes et
dans la langue littéraire de Constantinople. Quelques autres dialectes et la langue littéraire de Tiflis forment leur ablatif à l'aide
d'un nouveau suffixe *-ig* (*-iç*) ; la forme du génitif-datif plur. est
en *-i* (*-i*) dans ces dialectes, comme au singulier, et est par conséquent plus analogique que dans les premiers.

Il faut ajouter aussi que les prépositions *i, y, z* (*i, y, z*) qui
sont préposées à différents cas de l'ancien arménien (comme l'accusatif, l'ablatif, le locatif, etc.) sont absolument inexistantes
dans la langue moderne. Quelques dialectes caractérisent le locatif par une désinence *-um*.

Voici donc le tableau comparatif de la déclinaison des deux
langues littéraires :

	Constantinople			Tiflis		
	Sg.	Pl.		Sg.	Pl.	
N.	-	*-er*	*-ner*	-	*-er*	*-ner*
G. D.	*-i*	*-eru*	*-neru*	*-i*	*-eri*	*-neri*
A.	(comme le nomin.)			(comme le nom. ou le dat.)		
Abl.	*-e*	*-ere*	*-nere*	*-iç*	*-eriç*	*-neriç*
Ins.	*-ov*	*-erov*	*-nerov*	*-ov*	*-erov*	*-nerov*
Loc.	(manque)			*-um*	*-erum*	*-nerum*

2. L'ancien arménien connaissait l'article défini *n* (*n*) postposé,

dont il ne faisait pas un usage général : l'évolution phonétique a différencié deux formes : *ȷ* (*n*), après les mots terminés par voyelle, et *c ȷ*, après les mots terminés par consonne. De plus l'arménien moderne fait de l'article un usage général, tout à fait pareil à celui du français moderne ou de l'allemand moderne.

3. L'adjectif de l'ancien arménien pouvait être placé avant ou après le substantif; il était variable en certaines conditions et s'accordait en cas et en nombre avec le substantif. En arménien moderne, l'adjectif précède toujours et est constamment invariable, ce qui est au fond une conséquence d'une transformation de la syntaxe (v. ci-dessous, p. 8).

4. Quelques-uns des pronoms de l'ancien arménien se sont perdus; les autres ont gardé leur forme ancienne; toutefois l'ablatif, l'instrumental et le locatif sont formés à la manière des substantifs avec les désinences -*e*, -*ic*, -*ov*, -*um* ajoutées ici à la forme du génitif-datif.

5. L'arménien moderne n'a que des postpositions; aucun préfixe prépositionnel n'a subsisté.

6. La transformation du verbe est encore plus grave; d'abord les quatre conjugaisons de l'ancien arménien sont réduites à trois par la suppression du type en -*um*. Des sept séries de formes verbales que l'arménien ancien connaissait (présent indicatif, impératif et subjonctif; imparfait; aoriste indicatif, impératif et subjonctif), seuls l'indicatif aoriste et les impératifs gardent leur structure ancienne. Le présent indicatif et l'imparfait sont formés suivant les dialectes par trois procédés différents qui seront décrits plus loin. Le futur (que l'ancien arménien exprimait en général au moyen du subjonctif aoriste) est rendu par une forme composée : il se forme, suivant les dialectes, par trois procédés : par le préfixe *կ*, par le préfixe *պիտի* (formé du verbe « il faut »), ou par le participe futur ajouté au verbe auxiliaire. Le présent de l'ancien arménien sert de subjonctif présent, et il n'y a pas de subjonctif aoriste. Le verbe négatif est exprimé par une forme composée, ce qui est une innovation.

Il faut ajouter que les dialectes de l'arménien moderne ont créé une foule de formes composées qui étaient inconnues à l'ancien arménien.

IV. — Différences syntaxiques.

Quand on compare l'arménien moderne à la langue ancienne, on est vivement frappé de l'énorme différence qui existe entre les deux syntaxes. Tandis que l'ancien arménien range ses mots tout à fait à l'européenne, et a toute la liberté d'ordre des mots des anciennes langues indo-européennes, admettant très bien entre autres l'ordre français actuel, la langue moderne a un ordre de mots fixe, qui est identique à l'ordre du Turc.

Voici deux exemples de phrases des deux langues comparées avec le français et le turc.

1. anc. arm. *տեսի զԹռչունն որ երգէր ի վերայ ծառոյն.*
   fr.   j'ai vu l'oiseau qui chantait sur l'arbre.
   arm. mod. *Ծառին վրայ երգող Թռչունը տեսայ.*
   turc   *aɣajən üstünde öten quš̌ə gördüm.*
2. anc. arm. *Թերթք դրոց Լեռնի որդւոյ դրացւոյ իմոյ.*
   fr.   les feuilles des livres de Léon fils de mon voisin.
   arm. mod. *դրացիիս որդւոյն Լեւոնին գրքերուն Թերթերը.*
   turc   *qonšumun oɣlə Levonən kitablarənən yapraqlarə.*

Tout se passe comme si la phrase arménienne moderne était calquée sur la phrase turque, ce qui n'implique pas que les choses se soient réellement passées ainsi (v. Pedersen, *K.Z.*, XXXIX, 472).

Nakhitchévan sur le Don, 1907.

                          H. A.

BIBLIOGRAPHIE

Schröder est le premier linguiste qui se soit occupé des dialectes arméniens modernes ; dans son *Thesaurus linguae armeniacae*, il traite de quelques dialectes orientaux, notamment de ceux de Julfa et d'Agulis. Cirbied (v. *Gramm. de la langue arm.*, Paris, 1823) s'étend sur la question plus que son prédécesseur, et esquisse la structure générale de quelques dialectes occidentaux. Vient ensuite G. Axverdian qui dans l'introduction des chants populaires de Sayat'-Nova (en dialecte de Tiflis, Moscou, 1852) donne la grammaire du dialecte de Tiflis assez longuement.

Mais c'est le Père Aydinian, Mékhithariste de Vienne, qui a fait la première classification des dialectes arméniens modernes (v. son **Քննական քերականութիւն**, Vienne, 1866, p. 161-236). Il reconnaît quatre grandes branches : I, Russie, Perse et Indes. II, Arménie turque et Mésopotamie. III, Asie-Mineure. IV, Autriche-Hongrie. Il donne ensuite la description générale de chacune en insistant surtout sur la morphologie ; la phonétique n'est pas traitée.

Après Aydinian, Patkanov, dans son Изслѣдованіе о діалектахъ армянскаго языка et ses Матеріалы, a traité de dix dialectes arméniens tant au point de vue de la phonétique qu'à celui de la morphologie.

Les autres auteurs qui ont donné des descriptions de dialectes sont les suivants :

S. Sargisean, dialecte d'Agulis

J. Hanusz, dialecte de Pologne.

Tomson, dialectes de Tiflis et Axalcxa.

Mélik S. David-Beg, dialectes de Maraš et Arabkir.

L. Msériants, dialecte de Mouch.

H. Adjarian, dialectes d'Aslanbek, de Suczawa, du Karabagh et de Van.

Leurs études seront indiquées à propos de chaque dialecte.

Il faut ajouter ici le travail de Karst (*Grammatik des Kilikisch-arme-nischen*, Strassburg). qui traite de l'arménien du Moyen-Age, notam-ment de celui de Cilicie, mais qui, pour l'explication des formes, entre dans l'examen et la comparaison des dialectes modernes.

Le présent travail a pour base non seulement les études citées, mais aussi quantité d'articles qui ont été publiés dans des journaux et des revues. tels que Ա՛րարա՛տ, Հանդէս Ա՛մսօրէայ et surtout Ազգա-գրական Հանդէս, Բիւրակն et dans Էմինեան Ազգագրական ժողո-վածու. ։

DISTRIBUTION DU PEUPLE ARMÉNIEN

La patrie du peuple arménien, l'Arménie, est divisée actuellement entre la Turquie, la Russie et la Perse. En dehors de
l'Arménie, les Arméniens sont répandus dans les pays suivants :

1. Caucase (comprenant l'ancienne Géorgie, l'Albanie, etc.);
villes principales habitées par les Arméniens : Tiflis, Signax [1],
Télav, Gori, Bakou, Batoum, Nouxa, Šamaxa.

2. Russie d'Asie.

3. Russie d'Europe; villes principales : Astraxan, Féodosia, .
Naxičevan sur le Don.

4. Perse; villes principales : Tauris, Ispahan, Téhéran; total
66.000 Arméniens [2].

5. Asie-Mineure (y compris la Cilicie et la Syrie); villes prin-
cipales : Sivas, Egin, Arabkir, Malatia, Ourfa, Trébizonde,
Amasia, Tokat, Yozgat, Césarée, Kutahia, Angora, Sis, Adana,
Hadjin, Zeïtoun, Marach, Haleb, Smyrne, Manissa, Brousse,
Adapazar, Ismid.

6. Turquie d'Europe; villes principales : Constantinople, Andri-
nople, Malgara, Rodosto; total 300.000 Arméniens.

7. Bulgarie; villes principales : Varna, Philippopoli, Rous-
tchouk, Šumla, Burgas; total 15.000 Arméniens.

8. Roumanie; villes principales : Focšani, Bucarest, Botušani,
Yaši, Galatz, Kostantza; total 14.000 Arméniens.

---

1. Le x note toujours ici la spirante gutturale sourde (all. *ch*).
2. Les chiffres donnés n'ont que la valeur d'indications très générales
et approximatives.

9. Antriche-Hongrie; villes principales : Suczawa, Elisabetpol, Arménopol; total 16.000 Arméniens.

10. Égypte; villes principales : le Caire et Alexandrie ; total 5.000 Arméniens.

11. États-Unis; villes principales : New-York, Worchester, Providence, etc.; total 40.000 Arméniens.

Un petit nombre d'Arméniens sont dispersés aussi en divers pays : Angleterre, France, Italie, Grèce, Chypre, Abyssinie, Indes, Birmanie, Java, etc. ; mais ceux-ci ne constituent pas des colonies constantes.

II

LANGUES PARLÉES PAR LES ARMÉNIENS

Sous l'influence des peuples étrangers, parmi lesquels ils vivent, de nombreux groupes d'origine arménienne et en grande partie encore rattachés à l'église nationale arménienne ont perdu leur langue nationale et parlent les idiomes suivants :

1. Le turc ; parlé par les Arméniens dans : Asie-Mineure (partie occidentale), Cilicie, rivage méridional du lac d'Ourmia, quelques villages à l'est de Trébizonde au Lazistan, quatre villages à l'ouest d'Axalk'alak' (à savoir : Bavra, Xulguma, Kartikam, Turs), Bessarabie (notamment Akkerman) et l'ancienne colonie de la Bulgarie (la nouvelle colonie a fait revivre la langue arménienne et éliminé le turc).

2. Le géorgien ; parlé presque dans toute la Géorgie, sauf Tiflis et les rives de la mer Noire; Signax, Télav, Gori, Kutaïs et deux villages d'Axalk'alak' : Vargav et Xzabavra. Les Arméniens de Vladikavkaz, venus de Géorgie, parlent aussi géorgien.

3. Le persan; parlé à K'ilvar, Xačmas (villages près de Kuba) et à Madrasa (village près de Šamaxa).

4. Le circassien; parlé à Armavir, village arménien fondé en 1830 par des émigrants de Circassie, près de Stavropol.

5. Le kurde ; parlé dans les villages de Xizan, de Bohdan, de Bšeriye, de Xarzan, de Slivan (Mufarγin) et à Samsad en Cilicie.

6. L'arabe; parlé en Mésopotamie, Syrie et Palestine, ainsi dans les villes de Haleb, Mardin, Mosul, Sġert, Kerkük, etc.

7. Le roumain ; parlé dans toute la colonie de Roumanie.

8. Le polonais; parlé par les Arméniens de la Pologne antrichienne.

9. Le hongrois; parlé dans une partie de la colonie hongroise.

10. L'anglais; parlé dans la colonie arménienne des Indes.

Le domaine de ces langues est indiqué sur la carte par des pointillés.

III

LES TROIS BRANCHES DE L'ARMÉNIEN MODERNE

On divise en général les dialectes arméniens en deux groupes. L'un est appelé communément *branche orientale* (արեւելեան բար֊ բառ.) ou arménien de Russie (Ռուսահայերէն), l'autre *branche occidentale* (արեւմտեան բարբառ.) ou arménien de Turquie (ԹսՔ֊ հայերէն). Ces deux dénominations ne sont pas correctes, quoique généralement répandues et acceptées. En effet, les dénominations d'orientale ou d'occidentale ne sont pas exactes, parce que plusieurs dialectes ainsi appelés se trouvent sur la même longitude et ne sont pas situés à l'est ou à l'ouest l'un de l'autre. Par exemple, le dialecte de Van et le sous-dialecte de Bayazit se trouvent tous deux par 44° de longitude ; or, le premier serait « occidental » et l'autre « oriental ». De plus le dialecte d'Artvin dit oriental est à l'ouest du parler d'Axalkʻalakʻ, dit occidental.

La dénomination d'arménien de Russie ou de Turquie est encore plus inexacte, parce que beaucoup des colonies arméniennes de Russie emploient des dialectes de la branche dite arménien de Turquie, et inversement. Ainsi le dialecte de Naxičevan sur le Don (ville de Russie d'Europe) est un dialecte de la branche dite arménien de Turquie, tandis que le sous-dialecte de Bayazit (ville de Turquie) appartient à la branche dite arménien de Russie.

Je propose ici une autre dénomination qui non seulement n'a

pas ces inconvénients, mais qui a l'avantage de caractériser le
type même des dialectes de chaque groupe.

I. Branche de -*um*; c'est la branche dite improprement orientale ou arménien de Russie.

II. Branche de *gə*; c'est la branche dite occidentale ou arménien de Turquie.

Tous les dialectes qui appartiennent à la première branche
forment l'indicatif (présent et imparfait) du verbe avec un auxiliaire « être » (*em*, etc.) et une forme en -*um*; ces mêmes dialectes ont une caractéristique -*um* de locatif. Les dialectes de la
seconde branche ignorent entièrement le locatif et joignent la
particule *gə* (ordinairement préfixée) aux formes de l'indicatif
présent et imparfait, qui sont simples, et non formées à l'aide
d'un auxiliaire.

III. En dehors de ces deux branches principales, il y en a une
troisième, moins considérable, qui ne connaît ni le locatif en -*um*,
ni la particule *gə* à l'indicatif, et qui forme ses indicatifs présents
et imparfaits au moyen de l'infinitif et du verbe auxiliaire *em*.
Les savants n'ont pas distingué jusqu'ici ce dernier type de dialectes et l'ont rattaché à la branche de -*um*. Je propose le
nom de branche de -*el*.

I. BRANCHE DE -*UM*

La branche de -*um* comprend 7 dialectes :

1. Dialecte d'Erivan.
2. Dialecte de Tiflis.
3. Dialecte du Karabagh.
4. Dialecte de Šamaxa.
5. Dialecte d'Astraxan.
6. Dialecte de Djoulfa.
7. Dialecte d'Agulis.

1. — *Dialecte d'Erivan*

Le dialecte d'Erivan est parlé principalement dans la ville d'Erivan et les villages environnants. Il atteint au sud Tauris en Perse, à l'ouest la ville de Kagisman, au sud-ouest Bayazid en Turquie. Les frontières du nord et de l'est sont bordées par les dialectes d'Erzeroum et du Karabagh. Deux petits îlots du dialecte d'Erivan se trouvent au nord dans le district de Borçalu, (Šulaver, Šamšadin et ses environs) et à Havlabar (un des quartiers de Tiflis).

Le dialecte d'Erivan a deux sous-dialectes :

1. Sous-dialecte de Bayazid en Arménie de Turquie, et sa colonie Novo-Bayazid en Arménie de Russie au bord du lac de Sévan avec dix villages environnants.

2. Sous-dialecte de Tauris, capitale de l'Azerbeïdjan. La colonie arménienne de Tauris occupe deux quartiers (Kala et Lilava); dans le premier on parle un sous-dialecte d'Erivan, tandis que dans l'autre le parler appartient au type du Karabagh.

Le dialecte d'Erivan est un des plus rapprochés de l'ancien

arménien, et dans la branche de -*um*, c'est le plus archaïqne de tous ; c'est pourquoi on l'a choisi pour servir de base à la formation de la langue littéraire des Arméniens de Russie.

Le dialecte d'Erivan a conservé presque intact le système phonétique de l'ancien arménien [1] ; il y a ajouté seulement le *f* (ֆ), qui y représente le *h* initial devant *o* : հոգի > *fok'i* « âme », հող > *foγ* « terre, sol », հոտ > *fot* « odeur », որթ > հորթ > *fort'* « veau », որս (հորս) > *fors* « chasse ».

Dans les changements phonétiques du dialecte d'Erivan, il faut remarquer :

այ > *e* : ex. այլ > *sel* « charrue », այր > *er* « caverne », հայր > *her* « père », մայր > *mer* « mère ». Cet այ à la fin des mots devient *a* : փեսայ > *p'esa* « gendre », երեխայ > *erexa* « enfant ». Mais dans le cas où le mot prend l'article *n* ou le signe du pluriel -*k'*, le phonème այ devenant médial a le traitement médial ordinaire *e* : *p'esen* « le gendre », *erexen* « l'enfant », *p'esek'* « gendres », *erexek'* « enfants ».

ոյ > *i* : ex. լոյս > *lis* « lumière », քոյր > *k'ir* « sœur », զրոյց > *zric* « conversation » ; de même cet *i* remplace, sous l'influence des primitifs, *u* altéré de ոյ dans les dérivés : կուրանալ > *kiranal* « s'aveugler », կուտել > *kitel* « entasser ».

իւ > *i* : ex. հարիւր > *harir* « cent », ձիւն > *jhin* « neige », սիւն > *sin* « colonne », արիւն > *arin* « sang », ալիւր > *alir* « farine ».

ե initial, reste *e*, tandis que dans d'autres dialectes et dans la langue littéraire, il est devenu *ye* : ex. եկեալ է > *ekel a* « il est venu », երթալ > *et'al* « aller », եփել > *ep'el* « cuire », երազ > *eraz* « songe »,

ո initial, contrairement à ce dernier et conformément aux autres dialectes et à la langue littéraire, est changé en *vo* : ex. ոսկի > *voski* « or », ոտք > *vot'k* « pied ».

---

1. L'alphabet de l'ancien arménien contient les notations suivantes : *a, b, g, d, e, z, ē, ə, t', ž, i, l, x, c, k, h, j, ł* (actuellement partout devenu γ), *č, m, y, n, š, o, č, p, ǰ, ṙ, s, v, t, r, c̣, w, p', k'* (d'après la transcription de Hübschmann). Ces notations désignent sans doute chacune un phonème distinct. La voyelle simple *u* est notée par la combinaison de *o* et *w*, soit *ow*, qu'on transcrit par *u*.

Les trois degrés des consonnes de l'ancien arménien, si alté-
rées dans les dialectes modernes, se présentent dans le dialecte
d'Erivan sous la forme suivante :

բ	*պ*	*փ*	*bh*	*p*	*p՚*
դ	*տ*	*թ*	*dh*	*t*	*t՚*
գ	*կ*	*ք*	*gh*	*k*	*k՚*
ձ	*ծ*	*ց*	*jh*	*c*	*ç*
ջ	*ճ*	*չ*	*jh*	*c*	*.č*

Voir ma brochure : *Les explosives de l'ancien arménien étudiées dans
les dialectes modernes*, Paris, 1899 (extrait de *La Parole*).

Quant aux autres consonnes, on peut signaler les particularités
suivantes :

խ > *'h* au commencement des mots et avant *γ*, ainsi : *խաղ* >
haγ « jeu », *խաղող* > *haγoγ* « raisin », *խաղալ* > *haγal* « jouer ».

ր est tombé devant les sifflantes. ainsi : *զարդ* > *žaž* « trem-
blement de terre », (*h*)*դուրս* > *dhus* « en dehors », (*h*)*ներքս* >
nerս > *nes* « dedans », *խարշել* > *xašel* « bouillir », *արժան* >
ežan « bon marché »; et aussi dans *երթալ* > *et'al* « aller ».

ղ final est tombé dans les adverbes suivants : *այստեղ* > *əste*
« ici », *այդտեղ* > *əte* « là », *այնտեղ* > *ənde* « là », *որտեղ* > *vórde*
« où ».

տ devant *ն* devient *n* par assimilation : ex. *գետնին* > *gennin*
« à terre », *հետն* > *henna* « avec », **յետն* > *yenna* « puis »,
*յետնուց > *yennuç* « derrière ».

Le dialecte d'Erivan présente une grave innovation dans l'accentuation; tandis que l'ancien arménien et les dialectes de la
branche de *gə* portent l'accent sur la dernière syllabe, le dialecte
d'Erivan et ceux de Tiflis, du Karabagh et d'Agulis l'ont reculé
sur l'avant-dernière. J'attribue cette innovation d'accentuation
à une influence de populations de langue caucasique, et par conséquent venue du Nord.

La déclinaison est des plus simples; le dialecte d'Erivan connaît sept cas comme le reste des dialectes de la branche de -*um* :
nominatif, génitif, datif, accusatif, ablatif, instrumental et locatif. Le génitif est toujours caractérisé par la désinence -*i*; il ne

prend jamais l'article, et par là diffère du datif. A l'accusatif
le dialecte d'Erivan distingue les objets animés et les objets
non-animés : l'accusatif des premiers a la forme du datif, tandis
que celui des seconds a la forme du nominatif; cette particula-
rité se retrouve dans tous les dialectes de la branche de -*um*. Les
désinences des autres cas sont : -*iç* pour l'ablatif, -*ov* pour l'instrumental et -*um* pour le locatif. Le pluriel est caractérisé,
comme en général dans tous les dialectes modernes, par -*er*
dans les monosyllabes, -*ner* dans les polysyllabes.

Parmi les démonstratifs, on remarque :

N.	*es*	*ed*	*en*	*estonkʿ*	*etonkʿ*	*endonkʿ*
G.	*estur*	*etur*	*endur*	*estonc*	*etonç*	*endonç*
Abl.	*estuç*	*etuc*	*enduc*	*estonçic*	*etonçiç*	*endonçiç*
Ins.	*estov*	*etov*	*endov*	*estonçov*	*etonçov*	*endonçov*

Toutes ces formes peuvent avoir aussi *ə* au lieu de l'initiale *e* :
əstur, *əstonç*, etc. Devant l'adverbe *el* « aussi » les autres formes
pronominales qui ont un *e*, réduisent cet *e* à *ə* : *ՄԷԿ ԷԼ > mək el*,
ՄԻՆ ԷԼ > mən el, *ՄԵՆՔ ԷԼ > mənkʿ el*, de même *ԻՆՉ ԷԼ > ənj el*.

Comme type des verbes réguliers, nous donnons ici le paradigme du verbe *ՍԻՐԵԼ* « aimer ».

Indicatif présent		Imparfait	
sirum em ou	*sirəm em*	*sirum i* ou	*sirəm i*
sirum es	*sirəm es*	*sirum ir*	*sirəm ir*
sirum a	*sirəm a*	*sirum er*	*sirəm er*
sirum enkʿ	*sirəm enkʿ*	*sirum inkʿ*	*sirəm inkʿ*
sirum ekʿ	*sirəm ekʿ*	*sirum ikʿ*	*sirəm ikʿ*
sirum en	*sirəm en*	*sirum in*	*sirəm in*

Aoriste	Passé indéfini
sireçi	*sirel em*
sireçir	*sirel es*

sireç
sireçink῾
sireçik῾
sireçin

sirel a
sirel enk῾
sirel ek῾
sirel en

Plus-que-parfait

sirel i
sirel ir
sirel er
sirel ink῾
sirel ik῾
sirel in

Futur

kə sirem
kə sires
kə siri
kə sirenk῾
kə sirek῾
kə siren

Futur passé

kə siri
kə sirir
kə sirer
kə sirink῾
kə sirik῾
kə sirin

Débitif I

pəti sirem
pəti sires
pəti siri
pəti sirenk῾
pəti sirek῾
pəti siren

II

siril pətim
siril pətis
siril pəti
siril pətink῾
siril pətik῾
siril pətin

Passé I

pəti siri
pəti sirir
pəti sirer
pəti sirink῾
pəti sirik῾
pəti sirin

II

siril pəti
siril pətir
siril pəter
siril pətink῾
siril pətik῾
siril pətin

Impératif	Subjonctif
siri, sira	*sirem*
mí siri, mí sira, mí siril	*sires*
sirek', sirecek'	*siri*
mék' siril, siril mek'	*sirenk'*
	sirek'
	siren

Passé	Infinitif
siri	*sirel*
sirir	Participe présent
sirer	*sirelon*
sirink'	Participe passé
sirik'	*sirel, sire*
sirin	

Les particularités remarquables du verbe sont :

1. La forme *a* de l'auxiliaire à la 3ᵉ pers. s. du prés. *sirum a, asum a, bherum a*.

2. Perte de l'*է* de l'imparfait devant *ի* : *sirum i, sirum ir*, etc. au lieu de (*սիրում*) *էի*, (*սիրում*) *էիր*, etc.

3. *pəti* au lieu de *պիտի*, forme qui est rare dans les autres dialectes.

4. La forme conjuguée de ce dernier, *pətim, pətir*, etc., peu usi-tée dans les autres dialectes.

5. L'impératif en *a* : *uzá, vará, ləcrá, ayanjá, šalaká*. Cette forme est plutòt usitée à Etchmiadzin (Vayaršapat), tandis que dans la ville d'Erivan, on dit *siri, ləcru, vari*, etc.

6. *mék' siril* ou *siril mek'* (au lieu de *մի սիրիր*), forme presque inusitée ailleurs.

7. part. prés. *sirelon, aselon, el'alon* « en aimant, en disant, en allant », inconnu aux autres dialectes.

8. La forme du participe passé *sirel* (< anc. arm. *սիրեալ*) est usitée avant l'auxiliaire, mais quand elle est placée après l'auxi-

liaire, on dit *sire* : ex. *sirel em*, *sirel a*, mais *yes em sire*, *en a sire*, *sirt a are eke.*

9. Les verbes monosyllabiques forment leur thème de l'indicatif présent et de l'imparfait au moyen du suffixe *-lis*, au lieu de *-um* : *ghalis em*, *talis em*, *lalis em*. Quand l'auxiliaire est avant le thème, ce dernier perd son *-s* : *yes em ghali*, *tali*, *lali*.

Dans les formes négatives, on peut mettre l'élément négatif avant ou après le verbe : *čem uzum*, *úzum čem* ; *či uzum*, *úzum či* ; *čem uzil*, *úzil čem* ; *čəsiréči*, *siréči voč* ; etc.

Le sous-dialecte de Bayazit a les traits caractéristiques suivants :

1. Les verbes monosyllabiques forment 'leur thème de l'indicatif présent et de l'imparfait avec le suffixe général *-lum* au lieu de *-lis* d'Erivan ; on dit *ghalum em*, *talum em*, *lalum em*.

2. A l'indicatif présent et à l'imparfait, l'auxiliaire est employé deux fois, avant et après le verbe : *yes em uzum em*, *čes bherum es či uzum a*, *čir uzum ir*, *čer xosum er*.

3. Le participe passé a la forme *-er* : *aser a*, *tarer a*, *eker em* ; mais après l'auxiliaire : *na a tare*, *čem eke*.

4. La consonne *h* est partout devenue *x* : par ex. *im xor xarsnisin*, *xing xav xatav*.

Le sous-dialecte de Tauris connaît ces deux dernières partienlarités, auxquelles il ajoute la forme *-çim*, *-am* à l'aoriste des verbes au lieu de l'ancien *-gh*, *-aj* : *sireçim*, *ekam*, *asam*, *tesam*, *gnacim*, *mənaçim*. Ces deux derniers verbes répètent leur *n* dans la 3ᵉ pers. sing. aor. : *gənnaç*, *mənnac*.

Une étude sur le dialecte d'Erivan manque jusqu'à présent ; en revanche les textes sont assez nombreux ; nous citerons entre autres :

Ի *Շատոց Արովեանի երկերը*. Moscou, 1897.

Տ· *Նաւասարդեանց*. — *Հայ ժողովրդական հեքիաթներ* (série).

Ա· *Արեղեան* . — *Սանայ ձուեր*, dans *Ազգագրական Հանդէս*, IX, p. 117-143.

Ե· *Լալայեան*. — *Բորչալուի Գաւառի բանաւոր գրականություն*. *Ibid.*, XI, p. 33-124.

2. — *Dialecte de Tiflis.*

Le dialecte de Tiflis n'est parlé actuellement que dans la ville de Tiflis sauf le quart'er de Havlabar (v. p. 5). Il est en voie de disparition sous l'influence combinée du géorgien, du russe et de l'arménien littéraire qui de jour en jour le supplantent.

Le dialecte de Tiflis est, avec celui d'Agulis, le seul qui ait conservé tout a fait intacts les trois degrés des consonnes de l'ancien arménien : ainsi ր, պ, փ > tifl. *b, p, p'*. Ceci est dû à l'influence du géorgien. En effet, les consonnes de Tiflis ont l'articulation caractéristique du géorgien, différente de celle des autres dialectes arméniens, surtout la série *p, t, k, c, č*, prononcée la gorge serrée à la manière géorgienne.

Ce dialecte a ajouté au système phonétique de l'ancien arménien (plus *f*) une consonne proprement géorgienne : *q* (*ġ* ou *γ* très guttural), qu'on représente dans la notation arménienne par ղ' : վուրղ'անց (*vúrqanç*) « d'où ».

Parmi les changements phonétiques, on remarquera les faits particuliers suivants :

ե initial > *yi* : ես > *yis* « moi », երբ > *yip'* « quand », երկինք > *yirkink'* « ciel », de même եղ (լեղ) > *yiγ* « huile ».

ե en dernière syllabe > *i* : տեղ > *tiγ* « place, lieu », գիշեր > *gišir* « nuit », քեղ > *k'iž* « te », մեղր > *miγr* « miel », mais dans les autres syllabes *e* : տեսանել > *tesnil* « voir », բերել > *beril* « apporter ».

ո initial > *vu* : որբ > *vurp'* « orphelin », որդի > *vúrt'i* « fils », որ > *vur* « qui, que ».

ո en dernière syllabe > *u* : գործ > *gurj* « œuvre », փոր > *p'ur* « ventre », հոտ > *hut* « odeur », չորս > *čurs* « quatre ».

ոյ > *u* : լոյս > *lus* « lumière », քոյր > *k'ur* « sœur », անոյշ > *ánuš* « doux ».

իւ > *u* : արիւն > *árun* « sang », ալիւր > *álur* « farine », հարիւր > *hárur* « cent », հիւսած > *húsac* « tissé », հիւր > *hur* « hôte ».

L'accent est sur l'avant-dernière syllabe comme à Erivan.

La déclinaison du dialecte de Tiflis diffère de celle d'Erivan en ce qu'elle forme l'ablatif au moyen d'une désinence -*eme*,-*emen* : *gəremen* « de la lettre », *tənemen* « de la maison ». Le nominatif pluriel est caractérisé par -*ir*, -*nir*, mais les autres cas conservent l'*ɮ* suivant la loi phonétique. Le génitif pluriel est caractérisé par -*u* :

N. (A.)	*div*	*divir*
G.	*divi*	*diveru*
D. (A.)	*divi, divin*	*diveru-n*
Abl.	*divemen*	*diveremen*
Instr.	*divov*	*diverov*
Loc.	*divum*	*diverum*

Pronoms personnels :

N.	*yis*	*mink'*	*du*	*duk'*	*na*	*nərank'*
G.	*im*	*mir*	*k'u*	*jir*	*nəra*	*nəranç*
D.Ac.	*inji*	*miʒ*	*k'iʒ*	*jiʒ*	*nəran*	*nəranç*
Abl.	*injmen*	*miʒmen*	*k'iʒmen*	*jiʒmen*	*nəramen*	*nərançmen*
Instr.	*injmov*	*miʒmov*	*k'iʒmov*	*jiʒmov*	*nəranov*	*nərançmov*
Loc.	*inj(a)num*	*miʒ(a)num*	*k'iʒ(a)num*	*jiʒ(a)num*	*nəranum*	*nərançum*

Démonstratifs :

N.	*es*	*et*	*en*	*estunk'*	*etunk'*	*endunk'*
G.	*estu*	*etu*	*endu*	*estunç*	*etunç*	*endunç*
D.	*estu*	*etu*	*endu*	*estunç*	*etunç*	*endunc*
Abl.	*estumen*	*etumen*	*endumen*	*estunçmen*	*etunçmen*	*endunçmen*
Instr.	*estov*	*etov*	*endov*	*estunçov*	*etunçov*	*endunçov*
Loc.	*estum*	*etum*	*endum*	*estunçum*	*etuncum*	*endunçum*

La conjugaison est presque la même qu'à Erivan, sauf les changements phonétiques propres au dialecte de Tiflis :

Indic. pr. — *sirum im, sirum is, sirum e, sirum ink', sirum ik', sirum in.* Dans les verbes monosyllabiques, on a : *talis im, galis im, lalis im.*

Imparf. — *sirum ei, sirum eir, sirum er, sirum eink', sirum eik',
sirum ein.* Dans les monosyllabes : *talis ei,* etc.

Aoriste. — *sireçi, sireçir, siric, sireçink', sirecik', sirecin.*

Passé ind. — *siril im, siril is, siril e, siril ink', siril ik', siril in.*
Dans la forme postposée on dit *yis im siri, čim siri,* etc.

Plus-que-parf. — *siril ei, siril eir, siril er, siril eink', siril eik',
siril ein.* Dans la forme postposée on dit *yis ei siri, čei siri,* etc.

Futur. — *ku sirim, ku siris, ku sire, ku sirink', ku sirik', ku sirin.*
Les verbes ազել, անել, անել deviennent *kocim, kosim, konim.* կու
s'élide devant quelques mots : *kebam, kert'am, kunenam, guzim,* mais
ku arnim, ku azatim, ku ayot'im, ku erim, ku imanam, etc.

Futur passé. — *ku sirei, ku sireir,* etc.

Subj. prés. — *sirim, siris, sire, sirink', sirik', sirin.*

Subj. passé. — *sirei, sireir,* etc.

Débitif pr. — *piti sirim* ou *pitim siri, piti siris* ou *pitis siri,* etc.

Débitif passé. — *piti sirei* ou *piti siril ei* ou *pitei siri,* etc.

Impér. — *sire, sirecek', mi siri, mi sirek',* etc.

Part. — *siril, siroy, sirac, sirelu* ou *sirelaçu.*

Le dialecte de Tiflis est étudié dans :

1. Գէորգ Ախվերդեան. — Սայեաթ-Նովայ. Moscou, 1852.

2. Petermann. — *Ueber den Dialect der Armenier von Tiflis,* Berlin, 1867.

3. Томсонъ. Историч. Грамм. современ. Армянскаго языка города Тифлисъ. Saint-Pétersbourg, 1890 (le même travail abrégé dans *Sprachwissenschaftliche Abhandlungen,* de Patrubány, I, p. 289-302).

En dehors de ces études, il y a toute une littérature en dialecte de Tiflis ; nous citerons :

Գէորգ Տէր — Ալեքսանդրեան — Թիֆլիսեցոց մասուր կեանքը. Tiflis, 1885.

Գէորգ Ախվերդեան — Սայեաթ-Նովայ. Moscou, 1852.

Գաբրիէլ Սունդուկեանց — էլի մէկ զոհ. Tiflis, 1884.

.... — Պեպո. „ 1876.

— Ֆանդաձ օշախ. » 1882.
— Խաթաբալա. » 1881.
— Գ/շերկյ ապրր խեր է· 1881.
— Որկան Պեարովկ/ շր դժուխկումր.

Երեցվիոխեան Գ.. — ԱՋ քեզ օյ.ն· Tiflis, 1886.
Եսայեան Յարութիւն. — Սոնայի նշանդրեքը· Tiflis, 1904.
Պատկանեան Մ/քայէլ· — Մ/շի մարդ կամ Մոյլքուլ· Tiflis,
1859.
Տէր Գրիդորբան Մ/քայէլ· — Նինոյի նշիլը·
— Վոյքի իմ վեշէր·
— Պեայոյի տկձուր.
— Պատաանեբուն խրատ.
— Էս եէքի մոցքքլութին.
Ֆուղինեան Նիկողայոս — Դալալ Ռ'աղo·
Ֆանանկէս — Գրականական երեկոյ· Tiflis, 1886.

3. — Dialecte du Karabagh.

Parmi les dialectes de l'arménien moderne, celui qui occupe
le domaine le plus étendu est le dialecte du Karabagh. Il atteint
au nord les frontières du Caucase, au sud Tauris, à l'est la mer
Caspienne, à l'ouest le lac de Sévan et les frontières des dialectes
d'Erivan et d'Erzeroum. Il est parlé aussi en Asie-Mineure ; à
l'est de Smyrne il y a une colonie arménienne émigrée du Karabagh, qui garde jusqu'à présent sa langue ancienne, à savoir
Burdur et Ödemiš. Les principales localités où est parlé le dialecte du Karabagh sont : Choucha, Elisavetpol, Nouxa, Bakou,
Derbent, Aġəstafa, Diližan, Karaklis, Kazak, Lori, Karadagh,
Mužumbar, Tauris (quartier de Lilava), Burdur, Ödemiš. Les
Arméniens du Karabagh qui forment une population très com-
merçante, sont répandus en dehors de ce cercle en Turkestan,
Tartarie, Mandchourie, etc.; mais comme ils n'y forment pas de
colonies constantes, nous n'en parlerons guère.
Le système phonétique du dialecte du Karabagh est très riche;
il se compose des phonèmes suivants :

voyelles . a. ä. e. ə. ę, i. o, u. ö. ü.

diphtongues : *eï, oï, ua*.

consonnes : *b, p, pʻ; g, k, kʻ; gʸ, kʸ, kʻʸ; d, t, tʻ; ǰ, č, čʻ; ǰ, c, cʻ; ẓ, ẓ̌, s, š; x, γ, h, hʸ; l, m, n, r, r̀, v, y*.

Comme ceux d'Erivan et de Tiflis, le dialecte du Karabagh a déplacé l'accent de l'ancien arménien sur la syllabe pénultième ; ceci a eu de graves conséquences : toutes les voyelles placées avant l'accent ont été réduites à *ə* ou même sont tombées : աւե֊ տարան > *əvətáran* « évangile », աղաչանք > *əγáčankʻ, γáčankʻ* « prière », նաւակատիք > *nəvəkáteïgʸ* « veille d'une fête », երես֊ պաշտութիւն > *ərəspəštótʻun* « fourberie », ծիծեռնակ > *cəcérnak* « hirondelle », այսոր > *sor* « aujourd'hui », ածելի > *cíli* « rasoir », աղաւնի > *yəγóneïgʸ, γóneïgʸ* « colombe », երեկոյ > *rúgii* « soir ».

Parmi les changements phonétiques du vocalisme, je cite ici les phénomènes suivants :

ա > *a* : թանձր *tʻánjər* « épais », բարձրանալ > *pəcəránal* « monter », համար > *məhar* « pour ».

ա > *ä* : ագի *häkʻü* « queue », անդ > *händ* « champs », լաւ > *läv* « bien », կայծակ > *käcäk* « foudre », գարուն > *kʻärunkʻ* « printemps ».

ա > *e* : բարակ > *pérak* « mince », բան > *pen* « chose », բամ֊ բակ > *pémbak* « coton », տատրակ > *tétrak* « tourterelle », ջրաղաց > *čéγac* « moulin », զատարկ > *tértak* « vain », յաղթել > *yéxnel* « vaincre ».

ե > *e* : աներ > *háner* « beau-père », գերեզման > *kyərézman* « tombeau », երեսուն > *ərésun* « trente », ձեռք > *cerkʻ* « main », բերան > *péran* « bouche ».

ե > *ẹ* : ձեզ > *cẹz* « vous », մեր > *mẹr* « notre », մեծ > *mẹcc* « grand », փեսայ > *pʻẹsa* « gendre », մեռանել > *mẹrnel* « mourir » ; (dans quelques villages on a dans ce cas : *ə*).

ե > *ye* (au commencement des mots) : եկեղեցի > *yéxce* « église », երկինք > *yérginkʻʸ* « ciel », եզն > *yézna* « bœuf », ես > *yes* « moi ».

ե > *i* : թել > *tʻil* « fil », արեգակ > *ərikʻynak* « soleil », աւ֊ ելի > *ivil* « plus »; surtout par dissimilation dans les mots où il y a deux *ե* consécutifs : շերեփ > *širepʻ* « grande cuiller », գերեկ > *círek* « midi », երես > *íres* « visage », տերեւ > *tírev* « feuille », երեք > *írekʻ* « trois ».

ɛ > e : *xĕɣ̌* > *xéɣnə* « gomme », *ɛɡ* > *ek'y* « femelle », *aṛuɛs* > *áɣves* « renard », *ɛẓ* > *eš* « âne ».

ɛ > ẹ : *kɛs* > *kẹs* « moitié », *kɛt* > *kẹt* « point ».

ɛ > i : *ṭɛṭ* > *tiẓ* « amas », *šrɛẓ* > *šriš* « asphodèle ».

ɩ > i : *inn* > *innə* « neuf, 9 », *li* > *líynə* « pleine », *viǰil* > *viǰil* « pou », *kini* > *kini* « vin », *hinč* > *hinč* « quoi », *sisern* > *síserṇə* « pois ».

ɩ > e : *k'it* > *k'et'* « nez », *tari* > *táre* « an », *yéxče* > *yéxçe*, « église », *téɣen* > *téɣen* « jaune », *kʸóre* > *kʸóre* « orge », *heng* > *hengʸ* « cinq ».

ɩ > ẹ : *mer* > *mẹr* « ne... pas », *káɣnẹ* > *káɣnẹ* « chêne », *ámes* > *ámẹs* « mois », *mes* > *mẹs* « viande », *sert* > *sẹrt* « cœur ».

o > o : *móxur* > *móxur* « cendre », *kórẹẓ* > *kórẹẓ* « noyau », *çóren* > *çóren* « blé ».

o > ö (devant r, ṙ, ɣ, x) : *həllörel* > *həllörel* « tordre », *cor* > *cor* « vallée », *čörk'* > *čörk'* « quatre », *šəllör* > *šəllör* « prune », *kʸöɣ* > *kʸöɣ* « voleur », *kʸəlöx* > *kʸəlöx* « tête ».

o > u : *turun* > *turun* « alizari », *kútemnə* > *kútemnə* « cresson », *kʸuɣánal* > *kʸuɣánal* « voler », *yéxtut* > *yéxtut* « sale », *háɣuɣ* > *háɣuɣ* « raisin ».

o > ẹ (toujours après v) : *t'ək'ávẹr* > *t'ək'ávẹr* « roi », *šənəhávẹr* > *šənəhávẹr* « félicitation », *səvẹril* > *səvẹril* « apprendre », *vẹt* > *vẹt* « odeur », *vẹr* > *vẹr* « puits », *vẹɣ* > *vẹɣ* « sol ».

o > vẹ (à l'initiale) : *vẹrs* > *vẹrs* « chasse », *vẹnnə* > *vẹnnə* « pied », *vẹxčar* > *vẹxčar* « mouton », *vẹskẹṙ* > *vẹskẹṙ* « os », *vẹṙ* > *vẹṙ* « podex ».

u > v (devant voyelle) : *áɣves* > *áɣves* « renard », *t'əval* > *t'əval* « sembler ».

u > ua (devant voyelle) : *čuan* > *čuan* « corde », *t'ət'uaš* > *t'ət'uaš* « aigrelet », *t'ət'uac* > *t'ət'uac* « aigri ».

u (devant consonne) > u : *kátu* > *kátu* « chat », *érku* > *érku* « deux », *əṙtásunk'* > *əṙtásunk'* « larme », orient. *ánum > *ánum* « nom », *ánjuɣ* > *ánjuɣ* « charbon ».

u > o : *šon* > *šon* « chien », *t'ot'* > *t'ot'* « mûr », *t'ət'o* > *t'ət'o* « aigre », *nórnə* > *nórnə* « grenade », *ónim* > *ónim* « j'ai », *cox* > *cox* « fumée ».

ու > *ü* : *ձուկն* > *cüknə* « poisson », *ձու* > *cü* « œuf », *լու* > *lü* « puce », *ջուր* > *čür* « eau », *երդումն* > *ürt‘ümnə* « serment ».

ու > *ö* : *ուլ* > *böl* « chevreau », *ուրբաթ* > *örp‘at‘* « vendredi », *գլուխ* > *kʸəlöx* « tête ».

Diphtongues :

այ > *e* : *այծ* > *ec* « chèvre », *լայն* > *len* « large », *հայր* > *her* « père ».

այ > *a* (à la fin du mot) : *բակլայ* > *pékla* « fève », *իւերայ* > *yərá* « sur », *տղայ* > *təγá* « enfant, garçon ».

աւ devant voyelles est traité comme *av*, devant consonnes comme *o* :

եա, *եայ* > *e* : *գորեան* > *córen* « blé », *սեամ* > *šemk‘* « seuil », *կրեայ* > *kóre* « tortue ».

եւ > *ev* : *թիթեւ* > *t‘it‘ev* « léger », *արեւ* > *árev* « soleil », *ալեւոր* > *hlévur* « vieux ».

ի > *ü* : *ձիւն* > *cün* « neige », *սիւն* > *sün* « colonne », *հարիւր* > *härür* « cent ».

իւ > *iv* : *պատիւ* > *pátiv* « honneur », *արծիւ* > *árciv* « aigle », *հիւանդ* > *hivand* « malade ».

ոյ > *ü* : *բոյն* > *pün* « nid », *երեկոյ* > *rügü* « soir », *կապոյտ* > *kʸápüt* « bleu ».

ոյ > *av* : *խորովել* > *xərável* « rôtir », *կով* > *kav* « vache », *աղով* > *áγav* « avec du sel », *փայտով* > *p‘átäv* « avec du bois ».

Le consonantisme du dialecte du Karabagh présente de graves innovations : les sonores sont devenues sourdes sauf devant les nasales *m*, *n* ; les sourdes sont restées sourdes en général, mais sont devenues sonores devant les nasales ; après *r*, les sonores sont devenues sourdes aspirées : *բերան* > *péran* « bouche », *բամբակ* > *pémbak* « coton », *որբ* > *verp‘* « orphelin », *ամպ* > *amb* « nuage », *դուռն* > *tórnə* « porte », *բուրդ* > *pürt‘* « lin », *տենդ* > *tend* « fièvre ».

դ se mouille et s'altère en *kʸ*, *gʸ*, tandis que *կ* et *ք* conservent leur ancienne articulation : *գառն* > *kʸárnə* « agneau », *գայլ* > *kʸül* « loup », *գինի* > *kʸini* « vin », *գաւազան* > *kʸəvázan* « bâton », *կուժ* > *kož* « cruche ».

նկն devient *ngnə, ngʸnə, ynə, gʸnə* : *սունկ* > *sóynə, sóngʸnə, sóngnə* « champignon », *ունկն* > *óynə, óngnə* « anse », *ծունկ* > *cóynə, cóngʸnə, cóngnə* « genou », etc.

ç à l'initial devant *n* et dans les syllabes fermées devient *v* :
հող > *vєγ* « sol », *հոտ* > *vєt* « odeur », *հոր* > *vєr* « puits », mais
հոգի > *hük'i* « âme ».

Dans beaucoup de mots, on a à l'initiale un *h*, que l'ancien
arménien ne connaît pas : *ով* > *huv* « qui », *ույր* > *hür* « de
qui », *ինչ* > *hinč* « quoi », *ընկեր* > *hənger* « camarade », *ամօթ* >
hámut' « honte », *ագի* > *hăk'ü* « queue », *ալևոր* > *həlévur*
« vieux », *պարապ* > *həpárap* « vain ».

γ ou *x* + explosives devient *x* + sourde : *աղբիւր* > *áxpür*
« source », *բողկ* > *pexk* « navet », *մեղք* > *mexk* « péché », *խեղ-*
դել > *xextel* « noyer », *աղտ* > *yext* « saleté », *թուղթ* > *t'oxt*
« papier », *եկեղեցի* > *yéxce* « église », *աղջիկ* > *áxčigy* « fille ».

Le *ն* final dans les mots comme *ձուկն, մուկն, նուռն, կաթն,*
մատն, ոտն, սառն, etc. qui dans les autres dialectes est supprimé,
devient dans le dialecte du Karabagh *nə* : *cúknə* « poisson »,
móknə « souris », *noŕnə* « grenade », *kát'nə* « lait », *mánnə*
« doigt », *vєnnə* « pied », *sáŕnə* « froid », etc.

m devant *n* s'assimile : *մտանէլ* > *mənnél* « entrer », *ոտն* >
vєnnə « pied », *մատն* > *mánnə* « doigt ».

Un des traits caractéristiques du dialecte est le manque de la
consonne *f*, que les autres dialectes ont admise sous l'influence
des langues étrangères; le dialecte du Karabagh la rend, le cas
échéant, par *p'*, comme faisait l'ancien arménien : *p'abrik'*
« fabrique », *p'amil* « nom de famille ».

Les cas de la déclinaison ont les mêmes caractéristiques que
dans les dialectes précédents. Le génitif est formé ici avec la
désinence *-ę (-e, -i)*, l'ablatif avec *-a, -an*, l'instrumental avec
-av; le pluriel est en *-ęr, -nęr, -ne* :

Nom.	—	*-ęr, -nęr, -ne*
Gén. Dat.	*-ę (e, i)*	*-eri, -neri*
Abl.	*-a, -an*	*-eran, -neran*
Inst.	*-av*	*-erav, -nerav*
Loc.	*-um*	*-erum, -nerum*

Détail notable, le génitif des infinitifs est en *-i*, contrairement
à l'usage de tous les autres dialectes, qui ont *-u* : *xoséli* « de par-

ler, à parler ». On préfixe parfois aux suffixes casuels *-an-* : abl.
-anan, instr. *-anav*, loc. *-anum*.

On remarque dans les pronoms :

Pronoms personnels :

N.	*yes*	*munk'*	*tü*	*tuk'*	*ink'ɣən*	*ŭrank'*
G.	*im*	*mẹr*	*k'u*	*cẹr*	*ŭran*	*ŭ́ranç*
D.A.	*inj*	*mẹʒ*	*k'ez*	*cẹʒ*	*ŭran*	*ŭ́ranç*
Abl.	*ənjắnä*	*məʒána*	*k'ɣəʒána*	*cəʒána*	*üránan*	*üránçan*
Instr.	*ənjắnäv*	*məʒánav*	*k'ɣəʒánav*	*cəʒánav*	*üránav*	*üránçav*
Loc.	*ənjắnum*	*məʒánum*	*k'ɣəʒánum*	*cəʒánum*	*üránum*	*üránçum*

Démonstratifs :

N.	*en*	*əndəhank'*	*əndərank'*	*nəhank'*
G.	*əndəra*	*əndəhanç*	*əndəranç*	*nəhanç*
D.A.	*əndəran*	*əndəhanç*	*əndəranç*	*nəhanç*
Abl.	*əndərána*	*əndəhánçan*	*əndəránçan*	*nəhánçan*
Instr.	*əndəránav*	*əndəhánçav*	*əndəránçav*	*nəhánçav*
L.	*əndəránum*	*əndəhánçum*	*əndəráncum*	*nəhánçum*

De même on a *es*, *əstəhank'*, *səhank'*, *əstərank'*, *et*, *ətəhank'*, *təhank'*,
ətərank'.

N.	*hu, huv*	*hiverk'*
G. D. A.	*hür*	*hŭ́ranç*
Abl.	*hüràna*	*hüránçan*
Instr.	*hüránav*	*hüránçav*
Loc.	*hüránum*	*hüránçum*

La conjugaison présente beaucoup de divergences :

Ind. pr. — Son thème est formé par le suffixe *um, əm, am, is,*
es, as suivant les sous-dialectes : *sirum əm, sirəm əm, siram əm,*
siris əm, sires əm, siras əm « j'aime » ; *sirəm əm, sirəm əs, sirəm a,*
sirəm ənk', sirəm ək', sirəm ən.

Imparf. — Formé de la même manière : *sirəm i, sirəm ir, sirəm*
ar, sirəm ink'ɣ, sirəm ik'ɣ, sirəm in.

Aor. — *siréçe, siréçer, síric, siréçenk'ʸ, siréçek'ʸ, siréçen.*

Futur simple. — *k'ə sírim, k'ə síris, k'ə síri, k'ə sírink'ʸ, k'ə sírik'ʸ, k'ə sírin* (*k* est devenu ici *k'* à cause de *s* suivant).

Futur passé. — *k'ə síri, k'ə sírir, k'ə sírar, k'ə sírink'ʸ, k'ə sírik'ʸ, k'ə sírin.*

Futur comp. — *sirəlákan əm, sirəlákan əs, sirəlákan a, sirəlákan ənk', sirəlákan ək', sirəlákan ən.*

Passé. — *sirəlákan i, sirəlákan ir,* etc.

Impér. — *síri, siréçek'ʸ* ou *sírek'ʸ, síril mẹr, síril mẹk'ʸ.*

Subj. pr. — *sírim, síris,* etc.

Subj. passé. — *síri, sírir,* etc.

Partic. — *síroʸ,.sírac, síral, sirəlákan, sirəláçuk'.*

C'est ce participe passé *síral* (> *սիրեալ*) qui sert à former le passé indéfini et le plus-que-parfait : *síral əm, síral əs, síral i, síral ir,* etc.

Nous ne parlerons pas ici des formes verbales dites historique, obligatoire et instantanée qui sont composées au moyen de participes.

La description que nous venons de donner s'applique au dialecte du Karabagh dans sa forme la plus pure ; les sous-dialectes d'Elisavetpol, de Nouxa, etc. en diffèrent en ce qu'ils se rapprochent davantage de l'ancien arménien.

Le dialecte du Karabagh a été étudié d'abord dans Паткановъ, Изслѣдованіе о діал. арм. языка, 1869, p. 55-73 ; j'en ai publié une étude complète : Քննութիւն Ղարաբաղի բարբառին, Valaršapat, 1901, dont mon maître M. A. Meillet a fait un compte-rendu détaillé dans *J. As.,* 1902, I, p. 561-571.

Parmi les textes écrits en ce dialecte, nous pouvons citer :

Մակար վրդ. Բարխուդարեանց — Պելք-Թուղի. Tiflis, 1883.

Ուստայ Գէորգ   —   — Արագ տարին կտորի. Choucha, 1883.

—   —   —   — Զրբանն ու Նշանածը. Tiflis, 1896.

— Բարոյական առածներ. Tiflis, 1898.

Կ. Մելիք — Շահնազարեանց. — Պլբեղէ կնանոց պէսը փեչակը· Tiflis, 1882.

Զուռնա-Սմբլա, 2 vol. Valar-šapat, 1907-8.

Սմբատի խաշան. — Շուշուայ դալին ինըն ու շաող· I, Titlis, 1887, II, 1902.

Տիզօ. — Զալի ադաթներան պատկերներ. Ճապարլդ քօլաս կարի· Tiflis, 1889.

Ճուղուրեան Յ. — Մուացուած աշխարհ· 3 vol., Tiflis, 1895-96 (sous-dialecte de Kazak).

Պազարեան Յ. — Եոզ· ատ. Tiflis, 1904 (sous-dial. de Loři).

     — Մանկական բեմ·Tiflis, 1900 (sous-dial.du Kara-dagh).

Ե. Լուլյեան. — Ժողովրդական երգեր, dans Ազգագրական հան-դէս, III, p. 261-270 (sous-dial. de Goris).

     — Ժողովրդական երգեր· Ibid., IV, p. 113-116 (sous-dial. de Zangezur).

     — Բանաւոր գրականութիւն· Ibid., VI, p. 372-382 (sous-dial. d'Elisavetpol).

Ս. Ա.դրեասեան — Աասձներ, dans Բիրակն, 1898, p. 460-61 (sous-dial. du Karadagh).

4. — Dialecte de Šamaxa.

Ce dialecte est parlé dans la ville de Šamaxa et dans les villages voisins jusqu'à Kouba. Nòs renseignements sur ce dialecte ne sont pas suffisants; on n'en a publié que quelques petits textes, qui ne sont pas recueillis d'une manière scientifique. Ce sont :

Ս'թատ Դարագուշ — Բաղցած վեասններբ եւ Գէոզարշինի բալան· Bakou, 1898.

Շիրվանդղէ — Նամուս. Tiflis, 1885 (roman dont le sujet se passe à Šamaxa, et dont quelques personnages parlent le dialecte de leur ville).

Ս. Արբեղա. Սռ աասեան — Նարագիր Ս. Ստեփաննոսի վանաց Աղխանի. Tiflis, 1896 (p. 283-286 un petit texte comme exemple du dialecte de Šamaxa).

Ces documents montrent que le dialecte de Šamaxa est très rapproché de celui du Karabagh, mais il en diffère en quelques cas pour se rapprocher du dialecte de Djoulfa. Le système et les changements phonétiques sont exactement les mêmes qu'en Karabagh, sauf peut-être le phonème ç que je n'ai pas trouvé ici :

Arm. anc.	Kr.	Šm.	Arm. anc.	Kr.	Šm.
փայտ	pʿet	pʿet	շուտ	šüt	šüt
մայր	mẹr	mer	ձուկն	jüknə	jüknə
քոյր	kʿür	kʿür	դուրս	tüs	türs
կապոյտ	kʸäpüt	kʸäpüt	սիրտ	sẹrt, sərt	sərt
բարեւ	parov	parev	գինի	kyini	kini
թիթեռ	piríl	perel	քաղել	keɣel	keɣel
բան	pän	pän	խախխանել	čəčexel	čəčexel

Ces ressemblances vont très loin, jusqu'à des anomalies de détail; ainsi :

Arm. anc.	Kr.	Šm.
ինչ	hinč	hinč
ով	huv	hov
երբ	hib	hepʿ
հրեշտակ	hrištərak	haraštarak

Dans la déclinaison, on remarque le suffixe d'ablatif -an comme en Karabagh : takan « de dessous », teɣan « de l'endroit », araxat'unan (< Kr. ərxət'ünan) « de la joie »; mais l'instrumental est en -ov, tandis que Karabagh a -av : Šm. peranov, Kr. péránav, Šm. çekʿov > Kr. cerkʿav « par la main » (de cekʿ > ձեռք).

Dans les pronoms nous pouvons citer : üran (cf. anc. arm. իրեան, Kr. ürän), injana « de moi » (cf. anc. arm. յինէն, Kr. ənjänä), andür « de celui-ci » (cf. arm. anc. դորա, Kr. əndəra), naranç « d'eux » (cf. anc. arm. նոյա, Kr. əndəhanç, Eriv. nranç). Des innovations particulières à Šamaxa sont : mezli « pour nous », kʿezti « pour toi », cezti « pour vous ».

Dialectes arméniens.

Le paradigme du verbe *սիրել* « aimer » est :

Ind. pr. — *sirəm am, sirəm as, sirəm a, sirəm ank՚, sirəm ak՚, sirəm an.*

Imparf. — *sirəm i, sirəm ir,* etc.

Aoriste. — *sireçi,* etc.

Passé déf. — *siral am, siral as, siral a, siral ank՚, siral ak՚, siral an.*

Plus-que-parf. — *siral i,* etc.

Futur. — *sirelü am, sirelü as, sirelü a,* etc.

Futur passé. — *sirelü i, sirelü ir,* etc.

Impér. — *siri, mi siral.*

Subj. — *siram, siras, sira, sirank՚, sirak՚, siran.*

Part. — *sirilan* « en aimant », *siral* « aimé ».

5. — Dialecte d'Astraxan.

Ce dialecte est parlé dans la ville d'Astraxan et au Caucase septentrional. Quand les premiers auteurs de la littérature arménienne de Russie ont tenté de constituer la langue littéraire, c'est le dialecte d'Astraxan qui leur a servi d'abord de base ; mais bientôt ils l'ont abandonné pour prendre celui d'Erivan. D'après K. Patkanov, Изслѣдованіе, p. 24, ce dialecte serait tellement fidèle à l'arménien classique, qu'il serait inutile d'en parler. Comme on n'en a presque pas de textes, il m'est impossible de juger si Patkanov avait raison ou non. Le célèbre écrivain arménien Raphael Patkanean a mis dans ses travaux quelques conversations en dialecte d'Astraxan (voir Ռ. Պատկանեանի Երկասիրութիւնները, Saint-Pétersbourg, 1893, vol. II, p. 18-19, 23-24, 75-76, 178-9, 183-6, 192-3, 210, 218-222, 231-2) qui ne justifient pas l'idée de K. Patkanov. A en juger par ces petits textes, le dialecte d'Astraxan occuperait une position intermédiaire entre les dialectes du Karabagh et d'Erivan. Il change comme le premier les sonores en sourdes : *բարակ* > *parak* « mince », *գլուխ* > *klux* « tête », *բան* > *pan* « chose », *դնել* > *tinel* « mettre », *բուրդ* > *purt՚* « lin », *ձայն* > *cen* « voix », *ձու* > *cu* « œuf » ; mais les voyelles ne sont pas aussi altéréeš et semblent avoir la même forme qu'à Erivan.

Dans la déclinaison on peut remarquer : abl. en -*a*, -*an* : *horteɣan* « d'où » ; locatif en -*əm* : *es teɣəmə* « ici » ; le génitif en -*i* des infinitifs : *təneli* « à mettre », *xoseli* « à parler ». Dans la conjugaison des verbes, l'indicatif a la forme d'Erivan : *ləsəm em*, *čes ləsəm*, *čem tali*, *asəm a*, *kalis em*; l'imparfait et l'aoriste prennent comme signe de la 1re pers. du sing. -*m* : ex. *eim* « j'étais », *asəm eim*, *kə xaɣayim*, *kert'ayim*, *kə pereim*, *asaçim* ou *asam*, *kənacim*, *peram*, *tiram*, *hanam*, *t'oɣam*, *sirecim*; le participe passé est en -*k̲ʟ* : *sirel a*, *xəp'el a*, etc.

6. — *Dialecte de Djoulfa.*

Le village de J̌ulfa se trouve au bord de l'Araxe, sur la frontière russo-persane. Jadis il a joué un grand rôle dans l'histoire d'Arménie. Au commencement du xviiᵉ siècle les habitants de J̌ulfa furent forcés d'émigrer en Perse, où ils ont fondé au sud d'Ispahan un nouveau village appelé Nouveau J̌ulfa (Նոր-Ջուղայ). Ce village a vite grandi ; il a eu 25.000 habitants et a fondé aux Indes plusieurs colonies qui ont maintenant perdu leur langue et parlent anglais. Le dialecte de J̌ulfa est vivant à J̌ulfa, à Nouveau-J̌ulfa, et dans quelques autres villes de Perse, comme Širaz, Hamadan, Bušir, Téhéran, Kazwin, Rešt, Enzelli, où se trouvent des émigrants arméniens de Nouveau-J̌ulfa.

Comme texte écrit en ce dialecte, nous avons la *Chronologie* de Sargis Gilanenç (Սարգիս Գիլանենց, ժամանակագրու թիւն), publiée dans la revue Կռունկ (1863 mars), et ensuite séparément. On pourrait aussi trouver beaucoup de choses dans le journal arménien Նոր-Ջուղայի լրաբեր, publié actuellement à Nouveau-J̌ulfa.

La phonétique de ce dialecte est semblable à celle d'Erivan ou pour mieux dire à celle de Tauris. Le trait caractéristique est le changement de *h* en *x* : հայ > *xay* « arménien », հաց > *xaç* « pain », հայր > *xer* « père », շնորհաւոր > *šənoxavor* « félicitation », ահ > *ax* « crainte ». Beaucoup de mots à initiale vocalique prennent *h* : երբ > *hip'* « quand », արժան > *hežan* « bon

marché », * առաջի* > *harej* « devant », *երկար* > *berkar* « long »,
երեկնադեմ > *baraknadem* « vers le soir ». *իւ* initial devient *u* :
իւղ > *uγ* « huile », *իր* > *ur* « son ». La négation *ոչ* « non, ne »
est devenue ici *moč*; ceci s'explique de la manière suivante : *ոչ*
prononcé d'abord *voč* comme dans beaucoup de dialectes de l'arménien moderne, a ensuite ajouté une nasale devant *č* : *vonč*,
forme qui est en usage à Erivan; par l'influence de cette *n*, la
labiale fut nasalisée, et on a eu ainsi *moč*.

Dans la déclinaison des noms, le génitif-datif est formé avec
le suffixe *-e* comme en Karabagh, ou *-i* comme à Erivan; l'ablatif
est en *-e*, mais les mots terminés par *-u* demandent le suffixe
-ից, ուց : *tane* « de la maison », *arviç* « de la rivière », *xokʻuç* « de
l'âme »; l'instrumental est en *-ov*, et le locatif en *-um*. Les caractéristiques des cas du pluriel sont : nom. *-er, -ner*, gén.-dat. *-eri*,
-neri, -eroç, abl. *-ere, -eroçe*, inst. *-erov, -nerov*, loc. *-erum, -nerum*.
Dans certains cas, on a les signes du pluriel *-ekʻ, -ani, -erani*,
-nerani, -arenkʻ; ex. *ṙustani* « Russes », *gluxnerani* « têtes », *fene-*
rani « des voix », etc.

La déclinaison des pronoms est exactement comme à Erivan,
sauf les ablatifs : *esti* « de ceci », *estonçme* « de ceux-ci », etc.

Dans la conjugaison des verbes, les traits typiques du dialecte
sont :

1. L'indicatif présent du verbe auxiliaire *եմ*, qui présente partout *a* : *am, as, a, ankʻ, akʻ, an*, d'après la 3ᵉ pers. du sing. *a*,
forme usitée dans les dialectes d'Erivan, de Tiflis, du Karabagh,
etc.

2. L'imparfait de cet auxiliaire est, comme à Erivan : *i, ir, er*,
inkʻ, ikʻ, in.

3. Le thème de l'indicatif présent et de l'imparfait est formé
à l'aide du suffixe *-man* (*-aman*).

գնամ « aller ». — pr. *gnaman am, gnaman as, gnaman a, gna-*
man ankʻ, gnaman akʻ, gnaman an; imparf. *gnaman i, gnaman ir*,
gnaman er, gnaman inkʻ, gnaman ikʻ, gnaman in.

տեսանել « voir ». — pr. *tesman am*; imparf. *tesman i*.

փախչիլ « fuir ». — pr. *pʻaxman am*; imparf. *pʻaxman i*.

Le reste des formes verbales est comme à Erivan.

7. — Dialecte d'Agulis.

Le dialecte d'Agulis est parlé dans les villages d'Agulis, de Cɣna, Handamej, Tanakert, Ramis, Dašt, Kʻaɣakʻi, etc.; il est tellement éloigné de la langue classique que les Arméniens des autres localités ne pouvant y voir le caractère arménien, le considèrent comme une langue étrangère et l'appellent Ձոկերէն (langue zok). Le système phonétique du dialecte d'Agulis se compose des voyelles et des consonnes de l'arménien classique auxquelles s'ajoutent quelques nouveaux sons : *ä, ü, ö, gʸ, kʸ, kʻʸ.*

Les principaux traits phonétiques sont :

ա > *a* : որախ > *órax* « gai », խաղ > *haɣ* « jeu », ագի > *ági* « queue », ագռաւ > *ákřav* « corbeau », աղ > *aɣ* « sel », ամանъ > *áman* « vase », ամառъ > *ámař* « l'été », գագաթ > *gʸégʸatʻ* « sommet ».

ա > *ä* : բերան > *bǎrän* « bouche », ոչխար > *ǐxčär* «mouton », ալիր > *älür* « farine », արիւն > *ärün* « sang », բարակ > *bǎräk* « mince », գարուն > *gʸärunkʻ* (avec le *kʻ* du pluriel) « printemps ».

ա > *o* (en syllabe finale) : մարդ > *mord* « homme », հարսъ > *hors* « épouse », մահ > *moh* « mort », mais gén. *márdi, hársi, máhi.*

ա > *e* : աղտ > *ext* « saleté », աղտոտ > *éxtut* « sale », գարի > *gʸéri* « orge », գագաթ > *gʸégʸät*ʻ « sommet ».

ա > *ö* : բարձ > *börj* « coussin », ժամ > *žöm* « église », բահ > *böh* « pelle », բարձր > *bójǝr* « haut », բաց > *böc* « ouvert », գնալ > *nöl* « aller », դուռъ > *dőrnǝ* « porte ».

ա > *yö* : այ > *yöj* « droit ».

ա > *ay* : ասեղ > *áysäɣ* « aiguille », հալիլ > *háylil* « fondre », ծալիլ > *cáylil* « plier », երանի > *hǝráynak* « heureux ! ».

ա > *u* (devant nasal) : նման > *nǝmun* « semblable, pareil », նշան > *nǝšun* « signe », վանքъ > *vunkʻ* « couvent », թանձր > *tʻúnjǝr* « épais », ծունր > *cúnder* « genou ».

ա > *ü* : գալ > *gʸül* « venir », բան > *bün* « chose », դգալ > *dǝgúl* « cuiller », ծիծեռնակ > *cecǎrnük* « hirondelle », ծիրան > *cǎrün* « abricot ».

ե > *i* : մեծ > *mic* « grand », ես > *is* « moi », եզն > *íznǝ*

« bœuf », *գետ* > *git* « rivière », *աներ* > *ánir* « beau-père »,
աւել > *ávil* « balai », *բերել* > *bíril* « apporter », *թեթեւ* > *t'it'iv*
« léger », *եփել* > *íp'il* « cuire », *երեք* > *írik'* « trois », *երես* >
íris « visage », *երբ* > *ib* « quand ».

ե > *e* : *բեռն* > *bérnə* « fardeau », *դեղին* > *déɣin* « jaune »,
ամեռն > *jəmérnə* « hiver », *ձեռք* > *jeřk'* « main » *եղունգ* > *éɣunk'*
« ongle ».

ե > *ä* : *երկու* > *árkü* « deux », *վկերայ* > *várä* « sur », *փեսայ*
> *p'ásä* « gendre », *բերան* > *bárän* « bouche », *գերան* > *gʸárän*
« poutre », *ասեղ* > *áysäɣ* « aiguille ».

ե > *a* : *երազ* > *áraz* « songe », *եկեալ* > *ákal* « venu », *երկաթ*
> *árkat'* « fer », *աշակերտ* > *áškart* « élève », *երեսուն* > *arássun*
« trente ».

ե > *ö* : *երդումն* > *ördüm* « serment ».

է > *e* : *էշ* > *eš* « âne », *կէս* > *kes* « moitié », *ձէթ* > *jet'*
« huile d'olive ».

է > *eï* : *դէզ* > *deïz* « amas ».

է > *i* : *աղուէս* > *áɣvis* « renard », *անէծք* > *ánick'* « malédic-
tion ».

է > *ay* : *տէր* > *tayr* « maître », *առնէտ* > *ərnayt* « rat », *պէտք*
> *paytk'* « besoin ».

է > *a* : *էգ* > *agʸ* « femelle », *մէջ* > *májə* « au milieu, dans ».

ի > *i* : *կարմիր* > *kármir* « rouge », *ամիս* > *ámis* « mois »,
գինի > *gʸíni* « vin », *իննսուն* > *innásun* (avec addition d'un *a*)
« quatre-vingt-dix », *գարի* > *gʸéri* « orge ».

ի > *ay* : *միս* > *mays* « viande », *սիրել* > *sáyril* « aimer », *թի*
> *t'áynə* « pelle », *ինն* > *áynə* « neuf, 9 », *հին* > *hayn* « vieux »,
քիթ > *k'aynt'* « nez », *ծիծաղ* > *cáycäɣ* « sourire ».

ի > *eï* : *լղզել* > *leïzil* « lécher ».

ի > *ä* : *սիրուն* > *sárün* « joli », *ինձ* > *änj* « à moi », *իմ* >
äm « mon », *մի* > *män* « ne... pas », *ծիրան* > *cärän* « abricot ».

ի > *a* : *սիրտ* > *sart* « cœur », *հինգ* > *hangʸ* « cinq », *կորիզ* >
kəɣaz « noyau ».

ի > *u, uï* : *ինչ* > *unč* « quoi », *մին* > *muïn* « un ».

ո > *u* : *հոտ* > *hut* « odeur », *ոտն* > *útnə* « pied », *փոր* > *p'ur*
« ventre », *որմն* > *úrman* « mur », *աթոռ* > *át'uřk'* « chaise »,
ոսկր > *úskər* « os », *ոչ* > *uč* « non ».

n > *ü* : *զող* > *gʸüγ* « voleur », *գլխավոր* > *gʸəlhávür* « chef », *բոց* > *büç* « flamme », *որդն* > *ürnə* « ver », *խնձոր* > *xənjür* « pomme ».

n > *è* : *ոչխար* > *èxčär* « mouton », *ոջիլ* > *éjil* « pou », *հոգի* > *hégi* « âme », *ջորի* > *jéri* « mulet », *փորձել* > *p‘érjil* « éprouver, essayer ».

n > *ä* : *գործել* > *gʸärjil* « filer », *գովել* > *gʸávil* « louer », *կոտեմ* > *kʸätim* « cresson ».

n > *a* : *ոսկի* > *áski* « or », *որթուկ* > *árt‘uk* « veau », *մոխիր* > *máxir* « cendre », *թոռն* > *t‘árnə* « petit-fils », *փոխել* > *p‘áhil* « changer ».

u > *u* : *ուրիշ* > *úriš* « autre », *անուն* > *ánun* « nom », *աշուն* > *ášunkʻ* « automne », *ձուկն* > *júknə* « poisson ».

u > *ü* : *դու* > *dü* « toi », *բուրդ* > *bürd* « lin », *անդունդք* > *ándündkʻ* « abîme », *գլուխ* > *gʸəlüh* « tête », *երդում* > *órdüm* « serment ».

u > *eï* : *ծունկ* > *cëïnə* « genou ».

u > *e* : *ուրբաթ* > *érbät‘* « vendredi », *փուշ* > *p‘eš* « épine », *կուժ* > *kež* « cruche », *կուլ տալ* > *kel tol* « avaler ».

u > *o* : *սուտ* > *sot* « faux », *ցուրտ* > *çort* « froid », *ուս* > *yons* « épaule », *ուղտ* > *oxt* « chameau », *ուրախ* > *órax* « gai », *թուզ* > *t‘óznə* « figue », *թթու* > *t‘ət‘o* « aigre ».

ay > *aï* : *հայր* > *haïr* « père », *մայր* > *maïr* « mère », *այծ* > *aic* « chèvre », *ձայն* > *jaïn* « voix », *փայտ* > *p‘aït* « bois ».

ay > *a* : *այդ* > *at* « ceci », *այն* > *an* « cela », *այլ* > *al* « aussi».

ay > *ü, e, i* : *գայլ* > *gʸül* « loup », *այգի* > *égʸi* « vigne », *լայն* > *lin* « large ».

iw > *ü* : *ալիւր* > *ălür* « farine », *արիւն* > *árün* « sang », *ձիւն* > *jün* « neige ».

iw > *iv* : *արծիւ* > *árciv* « aigle », *հաշիւ* > *hásiv* « compte ».

iw > *aï, i* : *կռիւ* > *kəráïv* « querelle », *ութիւն* > *-ot‘in* (suffixe d'abstraits).

aw > *o* : *խօսք* > *xoskʻ* « parole », *աղաւնի* > *əγóni* « colombe », *հօր* > *hor* « du père », etc.; au lieu de cet *o* le génitif est en *a* dans : *xaskʻi* « de la parole », *yankʻi* « du sourcil ».

aw > *av* : *ագռաւ* > *ákřav* « corbeau », *աւազ* > *ávaz* « sable », *ծարաւ* > *cárav* « soif ».

աւ > *ıı* : *յoۡٮۯ* > *yıınk῾* « sourcil », *խoسٮլ* > *xúsil* « parler », *ամօթ* > *ámıt῾* « honte », *աղoթׄٮۯ* > *áγut῾k῾* « prière ».

աւ > *ov* : *հաւ* > *hov* « poule », *հաւան* > *hóvan* « conforme, d'avis ».

ov > *ov, av, ıv* : *կov* > *kıv* « vache », *ծov* > *cov* « mer », *սovor* > *sávur* « habitué ».

իւ > *äv, iv* : *անׄձրեւ* > *ánjriv* « pluie », *ձեւ* > *jiv* « forme », *ալիւor* > *hläviir* « vieux ».

oյ > *ıı* : *բoյթ* > *büt῾* « doigt », *բoյٮ* > *bün* « nid », *ٮٮկoղ* > *áng˅üχ* « noix », *լoյս* > *liis* « lumière », *լoւ* > *lü* « puce », *կապoյٮ* > *k˅áput* « bleu ».

L'accent est déplacé comme en Karabagh sur la pénultième syllabe, et de même qu'en Karabagh toutes les voyelles précédant l'accent sont tombées.

Les consonnes ont parfaitement gardé dans ce dialecte leur ancienne prononciation, même après *ր*, cas où les autres dialectes changent les sonores en sourdes aspirées : *մարդ* > *mord* « homme », *վարդ* > *vord* « rose ». Toutefois *խ* est dans beaucoup de cas devenu *h* : *ախոռ* > *áhur῾* « écurie », *գլուխ* > *g˅əlüh* « tête », *խեղդել* > *héγdil* « noyer », *ծախել* > *cáhil* « vendre », *կախել* > *káhil* « pendre, suspendre », *խրատ* > *hərot* « conseil », *քացախ* > *k῾ácah* « vinaigre ».

Le *ٮ* final de l'ancien arménien, presque partout supprimé, garde ici son existence comme en Karabagh : *մուկٮ* > *mókna* « souris », *նուռٮ* > *nór̄na* « grenade », *որմٮ* > *úrman* « mur », etc.

Dans la déclinaison on se sert des désinences suivantes :

Gén.-dat. -*i* (suffixe général), -*a* (pour les noms propres) qui devient -*ö* lorsqu'il est frappé de l'accent.

Abl. -*ic* (comme à Erivan).

Instr. -*av* (inaccentué), -*öv* (sous l'accent).

Loc. -*am* (inaccentué), -*ıım* (sous l'accent).

Ces suffixes sont parfois précédés de -*hän*- (équivalant de -*an*- en Karabagh) : -*hänic*, -*hänäv*, -*hänäm*.

Les suffixes du nominatif pluriel sont : -*ar* (pour les monosyllabes), -*k῾* (pour les mots terminés par voyelle), -*ner* (pour le reste). Les autres cas ont : G.-D. -(*n*)*eri*, Abl. -(*n*)*eric*, Instr. -(*n*)*eräv*, Loc. -(*n*)*eräm*.

Parmi les pronoms on remarquera :

N.	*is*	*mik'y*	*dü*	*dük'*
G.	*äm*	*mir*	*k'u*	*jir*
D.A.	*änj*	*miz̧*	*k'iz̧*	*jiz̧*
Abl.	*änjăniç*	*mizăniç*	*k'izăniç*	*jizăniç*
Instr.	*änjănäv*	*mizănäv*	*k'izănäv*	*jizănäv*
Loc.	*änjănäm*	*mizănäm*	*k'izănäm*	*jizănäm*

Les formes uյu, uյղ, uյն, uա, դա, նա sont représentées par *hok, dok, nok, so, do, no, as, at, an* : Nom. *as*, G. *atúr*, D. *astur*, Abl. *asturániç*, Instr. *asturánav*, Loc. *asturápam*, Pl. Nom. *ästük'*, Gén. *astuç*, etc.

La conjugaison du dialecte d'Agulis est très intéressante à cause des graves innovations qu'elle présente. Des quatre conjugaisons de l'ancien arménien il en reste seulement deux : -*il*, -*ol*; on a tout simplement uuել > *áhil* « dire », Հեռանալ > *hr̆ănil* « s'éloigner », Հազալ > *hazz̧ol* « tousser ». L'auxiliaire n'a que l'ind. prés. *əm, əs, a, ək'* (pour la 1ʳᵉ et 2ᵉ pers. du pluriel), *ən*; l'ancien imparfait a disparu, et l'on a créé à la place une forme tout à fait nouvelle : *nel əm, nel əs, nel a, nel ək'* (1 et 2 p.), *nel ən*. Dans les verbes réguliers le thème de l'ind. prés. et de l'imparfait est formé au moyen du suffixe -*um* (accentué), -*am* (sans accent); de plus les verbes à initiale vocalique prennent le préfixe *n* :

Prés. — *kətrúm əm, kətrúm əs, kətrúm a, kətrúm ək', kətrúm ən*.
náham əm, náham əs, náham a, náham ək', náham ən.
hr̆ănäm əm, hr̆ănäm əs, hr̆ănäm a, hr̆ănäm ək', etc.
tális əm, tális əs, tális a, etc.

Imparf. — *kətrúm əm nel, kətrúm əs nel, kətrúm a nel, kətrúm ək' nel* (1 et 2 p.), *kətrúm ən nel*.
náham əm nel, náham əs nel, náham a nel, etc.
hr̆ănäm əm nel, hr̆ănäm əs nel, etc.
tális əm nel, tális əs nel, tális a nel, etc.

Le parfait a aussi disparu, et on l'a remplacé par le passé

indéfini ou par une forme nouvelle semblable au présent de l'ancien arménien :

kətrel əm, əs, a, ək῾, ək῾, ən.
áhal əm, əs, a, ək῾, ək῾, ən.
hṙắnäl əm, əs, a, ək῾, ək῾, ən.

ou

kətrém, kətrés, (manque), *kətrék῾, kətrék῾, kətrén.*
áham, áhas, » *áhak῾, áhak῾, áhan.*
hṙắhäm, hṙắhäs » *hṙắhäk῾, hṙắhäk῾, hṙắhän.*

Pour le passé indéfini, on se sert de la deuxième forme du participe passé (en **-ած**), qui, ajoutée à l'imparfait du verbe auxiliaire, donne le plus-que-parfait :

Passé indéfini

kətréc əm	*áhac əm*	*hṙắhäc əm*
kətréc əs	*áhac əs*	*hṙắhäc əs*
kətréc a	*áhac a*	*hṙắhäc a*
kətréc ək῾	*áhac ək῾*	*hṙắhäc ək῾*
kətréc ək῾	*áhac ək῾*	*hṙắhäc ək῾*
kətréc ən	*áhac ən*	*hṙắhäc ən*

Plus-que-parfait

kətréc əm nel	*áhac əm nel*	*hṙắhäc əm nel*
kətréc əs nel	*áhac əs nel*	*hṙắhäc əs nel*
kətréc a nel	*áhac a nel*	*hṙắhäc a nel*
kətréc ək῾ nel	*áhac ək῾ nel*	*hṙắhäc ək῾ nel*
kətréc ək῾ nel	*áhac ək῾ nel*	*hṙắhäc ək῾ nel*
kətréc ən nel	*áhac ən nel*	*hṙắhäc ən nel*

Le futur n'est caractérisé ni par **կը**, ni par **պիտի** ; il s'obtient en conjuguant l'infinitif avec le verbe auxiliaire :

kətríl əm, əs, a, ək῾, ək῾, ən.
náhil əm, əs, a, ək῾, ək῾, ən.
hṙắnäl əm, əs, a, ək῾, ək῾, ən.

Pour avoir le futur passé on ajoute tout simplement *nel* : *kətríl əm nel, kətríl əs nel, kətríl a nel*, etc.

L'impératif est caractérisé par *-e, -hi, -a* : *kətre, hȑăhi, t'áka* ; le prohibitif se forme au moyen de l'infinitif (ou de sa forme abrégée sans *l*) suivi de l'adverbe *mä* : *kápi mä, kápil mä, náhi mä, náhil mä, hȑăni mä, hȑănil mä*.

Le subjonctif est conforme aux autres dialectes ; seulement son passé est accompagné de *nel* : *kətrím, kətrís, kətrí; áhik', áhik', áhin; kətrim nel, áhis nel*, etc.

Comme sous-dialecte d'Agulis, on peut compter le parler de Çɣna, qui, tenant une place intermédiaire entre le dialecte du Karabagh et d'Agulis, penche tantôt de l'un, tantôt de l'autre côté ; le consonantisme est tout à fait pareil à celui du dialecte du Karabagh : sonores changées en sourdes.

Il y a trois études sur le dialecte d'Agulis :

1. Patkanov, *Ueber den Armenischen Dialect von Agulis*, 1866.

2. Изслѣдованiе du même auteur, p. 27-55.

3. Ս. Սարգեանց, Ագուլեցոց բարբառը, Moscou, 1883.

La meilleure de toutes est la dernière, dont l'auteur était un Arménien d'Agulis. La seconde partie du livre contient des textes en ce dialecte.

II. BRANCHE DE *gə*

La branche de *gə* comprend 21 dialectes :

1. Dialecte d'Erzeroum.
2.   »   de Muš.
3.   »   de Van.
4.   »   de Diarbékir.
5.   »   de Kharput et d'Erzinghian.
6.   »   de Šabin-Kara-Hissar.
7.   »   de Trébizonde.
8.   »   de Ḥamšen.
9.   »   de Malatia.
10.   »   de Cilicie.
11.   »   de Syrie.
12.   »   d'Arabkir.
13.   »   d'Akn.
14.   »   de Sivas.
15.   »   de Tokat.
16.   »   de Smyrne.
17.   »   d'Ismidt.
18.   »   de Constantinople.
19.   »   de Rodosto.
20.   »   de Naxičevan sur le Don.
21.   »   d'Autriche-Hongrie.

1. — *Dialecte d'Erzeroum.*

Le centre de ce grand dialecte, célèbre par sa prononciation douce et agréable, est la ville d'Erzeroum. Il s'étend au sud jusqu'à Xnus, à l'ouest jusqu'à Erzinghian et Baïburt ; les grandes émigrations d'Arméniens d'Erzeroum pendant la dernière guerre russo-turque ont élargi les frontières de ce dialecte à l'est et au nord jusqu'à Erivan et Tiflis. Quatre autres villes du Caucase (Kars, Alexandropol, Axalk'alak' et Axalçxa) ont été fondées par ces émigrants et ont actuellement tout à fait le même dialecte que les habitants d'Erzeroum.

Le système phonétique de ce dialecte se compose des phonèmes de l'arménien classique, auxquels il a ajouté *ä, uo, ie, f.* Le phonème *ä* se trouve dans les mots d'origine turque et dans quelques mots arméniens qui paraissent être influencés par le turc : *շաքար* > *šäk'är* « sucre », *մարդակ* > *märt'äk* « poutre », *մայել* > *mäyel* « bêler », *կիրակէ* > *girägi* «.dimanche », *մարմառ* > *märmär* « marbre » ;

ie, uo proviennent de *ե, ո* médiaux et ne sont usités que dans la langue des villageois ; *f* provient de *հ* initial devant *ո* et de *v* devenu sourd : *հարաւ* > *haraf* « sud », *հանապքել* > *hafk'il* « se contenir », *ջուլհակ* > *julfag* « tisserand », *հաւասար* > *hafsar* « égal », *բուրֆրել* > *bhorfel* « griller », *հող* > *fuoγ* « sol », *հոտ* > *fuot* « odeur », *հոր* > *fuor* « puits », *հոս* > *fuos* « ici », *հոդ* > *fuod* « là », *հոն* > *fuon* « là ».

Les changements phonétiques sont rares dans ce dialecte, et en dehors de ceux que nous venons de voir, nous n'avons à marquer que les suivants :

ա dans la deuxième syllabe des mots trisyllabiques est tombé : cette loi est générale pour toute la branche de *gə*.

այ est devenu *a* dans la ville, *e* dans les villages (Alexandropol a été fondée par des villageois) : *հայր* > *har, her* « père », *փայտ* > *p'ad, p'ed* « bois », *մայր* > *mar, mer* « mère », *այծ* > *aj, ej* « chèvre ».

իւ > *u* : *ալիւր* > *alur* « farine », *ձիւն* > *jhun* « neige », *աղբիւր* > *axbhur* « fontaine ».

ոյ > *u* : *լոյս* > *lus* « lumière », *կապոյտ* > *gabud* « bleu ».

ե initial est devenu *ye* dans les monosyllabes, *e* dans les polysyllabes : *ես* > *yes* « moi », *եզն* > *yez* « bœuf », *երերալ* > *ereral* « branler, osciller ».

ո initial est toujours *o* ; mais l'interrogatif *ով* a la forme typique *vev*?

Les trois degrés des consonnes ont subi une mutation de la manière suivante :

բ > *bh*	*պ* > *b*	*փ* > *p'*
դ > *dh*	*տ* > *d*	*թ* > *t'*
գ > *gh*	*կ* > *g*	*ք* > *k'*
ձ > *jh*	*ծ* > *j*	*ց* > *c*
ջ > *jh*	*ճ* > *j*	*չ* > *č*

Toutefois la série *բ, դ, գ, ձ, ջ* garde sa sonorité après nasale : *ընձոր* > *xənjor* « pomme », *ինձ* > *inji* « à moi ».

t devant *r*, *r̈* et *z̃ j* s'assimile et devient *r̈*, *j* : *պատառել* > *bar̈r̈el* « déchirer », *կըրել* > *gər̈r̈el* « couper », *Պետրոս* > *Ber̈r̈os* « Pierre », *պատրաստ* > *bar̈r̈asd* « prêt », *պատժել* > *bajjel* « punir », *պատճառ* > *bajjar̈* « cause ».

La forme *առնել* « faire », ailleurs *անել* ou *ընել*, est devenue ici *enel*.

La déclinaison, comme dans toute la branche de *gə*, connaît seulement six cas : nominatif, génitif-datif, accusatif, ablatif, instrumental ; le locatif manque ; mais l'accusatif a, à la manière de la branche d'*um*, la même forme que le datif quand le nom est celui d'un être animé et celle du nominatif quand le nom est celui d'un être non animé : *gaduin səbaneçi, govin mort'eçi* « j'ai tué le chat, assommé le bœuf ».

Le pluriel est, suivant l'usage ordinaire, caractérisé par *-er*, *-ner*, mais il y a de plus le suffixe *-esdan* (< anc. arm. *-əsdan* désignant un pays), qui forme des collectifs et peut lui-même prendre le signe du pluriel *-ner* :

bhanlesdan, bhanlesdənner « des clés », *bhaɣnesdan, bhaɣnesdənner* « des bains », *madnesdan, madnesdənner* « des bagues », *daresdan, daresdənner* « des années », *vardesdan, vardesdənner* « des caleçons », etc. Comme les exemples le montrent, ce suffixe s'ajoute aux mots terminés par *-ik'*.

Parmi les pronoms nous remarquerons :

isi, idi, ini, — isig, idig, inig, — isonk', idonk', inonk' qui équivalent à *այս, այդ, այն* ; les trois premières formes sont indéclinables, les autres se déclinent de la manière suivante :

N.	*isig*	*idig*	*inig*	· *isonk῾*	*idonk῾*	*inonk῾*
G.	*isor*	*idor*	*inor*	*isonç*	*idonç*	*inonc*
Abl. {	*isoren*	*idoren*	·*inoren*	*isonçen*	*idoncen*	*inonçen*
{	*isormen*	*idormen*	*isormen*	*isonçmen*	*idonçmen*	*inonçmen*
Ins. {	*isorov*	*idorov*	*inorov*	*isonçov*	*idonçov*	*inonçov*
{	*isormov*	*idormov*	*inormov*	*isonçmov*	*idonçmov*	*inoncmov*

Le verbe est conforme aux types de l'ancien arménien ; comme dans toute la branche, le système -*um* de l'indicatif n'existe pas ; l'indicatif présent et imparfait présente ici la forme de l'ancien arménien ; seulement on lui a ajouté la particule *gə* (postposée) :

sirem gə   *sireĭ gə*

sires gə   *sireir gə*

sire gə   *sirer gə*

sirenk῾ gə   *sireink῾ gə*

sirek͡e gə   *sireik῾ gə*

siren gə   *sirein gə*

Les verbes à initiale vocalique prennent aussi un *g* au commencement, et les verbes monosyllabiques le préfixe *gu* : *gəsem gə*, *genem gə*, *gu lam gə*, *gu dam gə*, *ghu gham gə* (dans ce dernier *g* est assimilé). Le futur est formé par la postposition de *bidi* : *sirem bidi*, *sirei bidi*, etc. Le participe passé a la forme -*er* ; s'il est placé après l'auxiliaire, le participe perd son -ր final : *sirer e*, *čem sire*, *dhu es bhere*.

Sur un parler du dialecte d'Erzeroum on a une étude par Томсонъ, Лингвистическія изслѣдованія : Краткій очеркъ фонетики и морфологіи ахалцыхскаго говора, Saint-Pétersbourg, 1887

Les textes écrits en ce dialecte sont :

Ե· Լալայեանց — Քաւախքի բուրմունք· Tiflis, 1892.

Ձ աւախեցի — Քաւախքի աղէտը· Tiflis, 1900.

Արամ Ձարուգ — Բասենի ժողովրդական երգեր, dans Ազգագր. Հանդէս· VI, p. 383-390.

Ե· Լալայեան — Քաւախք, ibid., I, p. 327, 364, etc.

Դպիր — Նարմանգինին երգերը, dans la revue Բիւրակն, 1899, p. 524-5.

Հ· Մ· Հ· — Երգեր··· Խաղշւոյ· Tiflis, 1904.

2. — *Dialecte de Muš.*

Le dialecte de Muš est répandu à l'ouest du lac de Van. Le
centre de ce dialecte est la ville de Muš ; au nord il va jusqu'à
Xnus et Alaškert, au sud jusqu'à Bitlis, à l'est il s'approche de
Moks et de Diadin, à l'ouest de Lje, Jaba-jur, etc. Les principales
localités où ce dialecte est parlé sont : Muš, Sassun, Bitlis,
Xizan, Xlat, Arješ, Bulanəx, Manazkert, Xnus et Alaškert. Pendant la dernière guerre russo-turque, deux émigrations arméniennes de Muš et d'Alaškert se sont installées dans la province
d'Erivan : à Abaran près d'Alexandropol et au sud de Novo-
Bayazit, au bord du lac de Sévan. Actuellement il y a dans cette
province vingt-et-un villages arméniens qui parlent le dialecte
de Muš. Une autre colonie a été formée aux environs d'Axalk'a-
lak' par des émigrants de Xnus, qui ont fondé les villages Tho-
ria, Dučmana, Eštia.

Le système des voyelles du dialecte de Muš est pauvre : *ä, ü, ö*
manquent et servent ainsi de signe très caractéristique pour différencier le dialecte de Muš d'avec celui de Van, qui les connaît.
Les diphtongues *ie* et *uo*, clairement prononcées, proviennent de
ե et de *ո* accentués ; sans accent ces deux phonèmes deviennent
e, o, à l'initiale *ye, vo* dans les mots monosyllabiques et *e, o* dans
les polysyllabes. La voyelle *ու* et les diphtongues *այ, ոյ, իւ* de
l'ancien arménien sont représentées en dialecte de Muš comme
suit : *ու > u, այ > e, ոյ > u, իւ > u.*

Le consonantisme de Muš est très riche ; tandis que l'ancien
arménien et les dialectes modernes connaissent trois degrés de
consonnes, le dialecte de Muš en a quatre :

bh	*b*	*p*	*p'*
dh	*d*	*t*	*t'*
gh	*g*	*k*	*k'*
jh	*j*	*c*	*c*
jh	*j*	*č*	*ç*

La première série, qu'on peut appeler explosive sonore ou

sonore aspirée, a été suffisamment décrite dans mon travail : *Les explosives de l'ancien arménien*, Pariș, 1899, p. 14-18 par mon maître M. l'abbé Rousselot. Cette série n'est pas propre seulement au dialecte de Muš, mais se retrouve dans ceux d'Erivan, d'Erzeroum, Sivas, Kharput et Zeïtoun. Ces sonores aspirées proviennent des anciennes sonores à l'initiale des mots ; dans le corps des mots ces dernières sont représentées par des sonores simples ou des sourdes ; les sourdes de l'ancien arménien restent sourdes, et les aspirées restent aspirées. Le manque de la série *bh*, *dh*, *gh*, *jh*, *jh* à Van fournit une autre grande caractéristique qui permet de différencier les deux dialectes.

Le *h* de l'ancien arménien est traité de deux manières : Muš, Sassun, Alašgert, Abaran et la colonie des rives de Sévan ont *h*, tandis que le reste de la population, même à Bulanəx, le change en *x*, comme à Van. En dehors de ce *h*, le dialecte a une autre aspirée faible (notée en arménien par *y*) qu'on ajoute à l'initiale des mots commençant par une voyelle :

h'axpur < աղբիւր « fontaine », *h'erevan* < Երեւան « Erivan ».

La grammaire de Muš présente quelques archaïsmes très curieux : l'accusatif a comme en ancien arménien le préfixe * զ* : *əʒ haç* < զհաց « le pain », *əʒ mər tun* < զմեր տուն « notre maison » : on n'emploie pas l'article avec les possessifs : *mər tun, mər hac*, en regard des autres dialectes, *mer dunə, mer hacə*. anc. arm. տուն մեր, հայ մեր ; les possessifs sont parfois mis après le substantif, chose inconnue ailleurs : *jher'ne mzi* « de notre main », *bherne k'zi* « de ta bouche » ; les locutions prépositionnelles et les prépositions qui sont devenues ailleurs des postpositions, gardent ici leur place ancienne, tout en devenant de simples prépositions proclitiques : ի վերայ մեր տան > *vər mər tan* (cf. arm. litt. մեր տան վրայ) « sur notre maison », ի մէջի մեր տան > *məč mər tan* (cf. arm. litt. մեր տան մէջ) « dans notre maison », մօտ ինձ > *mət ənji* (cf. arm. litt. ինձ մօտ) « auprès de moi ».

Il faut remarquer dans les pronoms les formes suivantes : մեր > *mər*, ձեր > *jhər* ; à մեզ est substitué *məzi*, à ձեզ, *jhəzi*, à քեզ, *k'əzi*, à զմեզ, *əzməzi, əzmi*, à զքեզ, *əzk'əzi, əzk'i*, à ի մէնջ, *məzne*, à ի ձէնջ, *jhəzne* ; enfin les formes très usitées *h'ori* « pourquoi », *le* « aussi » < էլ < այլ, *mka* « maintenant » < հիմակ.

Dialectes arméniens.

Dans la conjugaison des verbes, *ի* et *է* de l'ancien arménien
sont toujours changés en *i* : présent *kə sirim, kə tesnim, kə siri, kə sirin*;
l'imparf. *kuzi* équivaut à *կուզէի, kəghink'*, à *կը գէինք < *կը գայինք*);
passé ind. *teser im, teser ik', teser ink'* ; fut. *piti sirim, piti utim* ; subj.
asim, etc. Mais comme de cette manière les formes de la 3ᵉ pers.
du présent et la 1ʳᵉ pers. de l'imparfait se sont confondues, on
emploie la 1ʳᵉ pers. du pluriel à la place du singulier : *yes kuzink'*
« je voulais », *mənk' kuzink'* « nous voulions ».

Les verbes monosyllabiques *գալ լալ տալ* sont devenus *ighal,
ilal, ital* ; la caractéristique de factitif de l'ancien arménien *-ցուցանել*
est abrégée en *-ցու-* : *kə harcum, kə harçus, kə harçu, kə harcunk', kə
harçuk', kə harcun*.

Le participe passé a la forme *-er* ; mais employé adjective-
ment, il prend pour suffixe *-uk* : *meruk* « mort », *ghəruk* « écrit »,
kotruk « cassé, brisé ».

L'étude la plus approfondie sur le dialecte de Muš est le
travail de Л. Мсеріанцъ, Этюды по армянской діалектологіи,
2 vol., Moscou, 1897-9 ; la même étude sous une forme abrégée par
l'auteur même : *Notice sur la phonétique du dialecte arménien de Mouch*,
est publiée dans les *Actes du XIᵉ Congrès des Orientalistes*, p. 299-
316, et en allemand dans *Sprachwissenschaftliche Abhandlungen von
L. Patrubány*, I, p. 271-288.

Comme textes on peut consulter :

Паткановъ — Матеріалы для изуч. арм. нарѣчіи, II, Мущскій
Діал. Saint-Pétersbourg, 1875 (le même dans *Sprachwiss. Abhand.*,
I. p. 241-271).

ll· *Հայկունի*, 34 contes populaires en parlers d'Arješ, d'Arjke,
de Bulanəx, d'Abaran, de Bitlis, d'Alaškert, de Xlat et de Xnus,
publiées dans *Էմինեան Ազգագրական ժողովածու*, Etchmiadzin,
vol. II, IV et V, 1901-4. Une chanson populaire de Xnus, *ibid.*,
VI, p. 101, et de Manazkert, *ibid.*, VI, p. 139.

Գարեգին Սրկ·աւագ — *Սասմայ ծռեր.* Tiflis, 1892 (parler d'Abaran).

ß· *Խաչատեանց* — *իրանի հերոսները հայ ժողովրդի մէջ.* Paris,
1901, p. 24-44 et 74-76 (parler d'Abaran).

Արիստ· վ· Սեդրակեան — *Քնար մշեցոց եւ վանեցոց.* Valaršapat.

Դարեկին *վ․* Սրուանձտեան — Գրոց բրոց․ Constantinople, 1874.

—   —   Մանանայ․ Constantinople, 1876.

—   —   Համով հոտով․   »

Գ․․ քֆ․ Նժդեհեանց — Ալաշկերտի թանաւոր Գրականութիւնց․
Ազգագր․ Հանդէս ,V, p. 185-199, VII, p. 437-505.

Բենսէ — Բուլանըխ կամ Հարք գաւառ, *ibid.*, V, 90, suiv., 182-4,
VI, 7-108.

On trouve d'autres petits textes :

En parler de Sassun ; dans la revue Բիւրակն, 1900, p. 121,
470.

En dialecte de Muš ; *ibid.*, 1898, p. 313 ; 1899, p. 329 ; 1900,
p. 122, 618.

En parler de Bitlis ; *ibid.*, 1898, p. 301, 627, 651.

En parler de Xuytʿ ; *ibid.*, 1898, p. 739.

3. — *Dialecte de Van.*

Ce dialecte est parlé dans la grande ville de Van et dans les
localités environnantes : au nord jusqu'à Diadin, au sud à Moks,
à Ozmi, à Šatax et à Baškale, à l'est jusqu'à la frontière persane
et à l'ouest jusqu'à la limite du dialecte de Muš. Une colonie
considérable d'Arméniens de Diadin a émigré pendant la dernière
guerre russo-turque au bord méridional du lac de Sévan où elle
forme maintenant le grand village de Basargečer.

Le système phonétique du dialecte de Van est composé des
phonèmes suivants :

voyelles : *a, ä, e, ə, i, o, ö. ȯ, u, ü.*

diphtongues : *ie, uo.*

consonnes: *b, p, pʿ ; g, k, kʿ ; gʸ, kʸ, kʸ ; d, t, tʿ ; ǰ, č, čʿ ; j, c, cʿ ;
y, r, ṙ, l, v, m, n ; z, ž, s, š ; x, γ, h, hʸ, f.*

On remarquera ici le phonème *ȯ* prononcé à peu près *öə* ; *ie* et
uo ne sont pas des diphtongues lourdes comme à Muš, elles se
prononcent rapidement.

L'*ա* de l'ancien arménien est représenté par *a* (prononcé fermé comme dans le mot anglais *all* « tout ») et par *ä*, sans règles bien déterminées; toutefois partout où il est précédé de *v*. *ա* devient *ä* : *լուանալ* > *ləväl, vəläl* « laver », *ձաւար* > *cävär* « blé moulu gros », *վազել* > *väziel* « courir », *վարդ* > *värt'* « rose », et même le nom de la ville de Van > *Vän*. *ե* initial est devenu *yie* ou *e*, médial *ie*, *e* ou *i*; dans la dernière syllabe du mot il est toujours *ie*; *է* reste toujours *e*; *ը* est représenté tantôt par *i*, tantôt par *e*; *ո* initial par *vuo*, médial par *uo, o, u*, dans la dernière syllabe, par *uo, ö, ö, u*; *ու* initial suivi de consonne finale par *u*, *ու* médial suivi de consonne par *u, ü*, avant voyelle par *v*.

La diphtongue *այ* devient *e*, mais à la fin des mots, elle se change en *a*; *իւ* final ou suivi de voyelle donne *iv*; suivi de consonne, il donne *u, ü*; *ոյ* devient *uo, ö, u*.

Les consonnes suivent les mêmes lois qu'en Karabagh : les sonores sont devenues sourdes; les sourdes restent sourdes; les sourdes et les sonores après nasale deviennent sonores; les sonores après *ր* se changent en sourdes aspirées; *h* devient *x*; *ր* suivi de *t, t'* ou de chuintante devient *r̄*; *ք* suivi de consonne se change en *hʸ*.

La déclinaison de Van est comme dans la branche d'*um*; l'ablatif se forme avec la désinence *էց*, l'accusatif est comme le datif pour les noms d'êtres animés et comme le nominatif pour les noms d'êtres non-animés; la différence est que le locatif manque. Le pluriel a trois formes : les monosyllabes demandent le suffixe *-er*, les polysyllabes terminés par consonne le suffixe *-ner*, et les polysyllabes terminés par voyelle le suffixe *-hʸter*. Les cas du pluriel sont :

	Nom.	*-ier*	*-nier*	*-hʸter*
Gén. Dat. Abl.		*-erac*	*-neraç*	*-hʸterac*
Instr.		*-erov*	*-nerov*	*-hʸterov*

Le dialecte de Van est remarquable en ceci qu'il ne se sert jamais de l'article *ə* : même les personnes lettrées ne peuvent se familiariser avec l'emploi de cet article : *cür* signifie à la fois « l'eau » et « de l'eau ».

Dans les pronoms nous citerons comme formes curieuses :

ɛʊ — dat. acc. *ji, jik,* abl. *jiẓnić,* pl. *mienk'ʸ,* dat. acc. *mie.*

զու — nom. *tü,* gén. *k'ʸuo,* dat. acc. *k'ʸie,* pl. nom. *tük'ʸ,* dat. acc. *cie.*

ʊ[ɩ, ʊ[ɩ — nom. *vuov,* gén. dat. acc. *vir,* abl. *virnic, virmic,* instr. *virmov, virnov.*

ʊյʊ, ʊյզ, ʊյն > *es, esa, esik; et, eta, etik; en, ena, enik;* gén. *isor, itor, inor,* etc.

La conjugaison n'a pas subi de graves altérations : par ex. du verbe *ʊɩզɛմ* « je veux », pr. *kuẓiem, kuẓies, kuẓi, kuẓienk'ʸ, kuẓek'ʸ, kuẓien;* imparf. *kuẓi, kuẓir, kuẓer, kuẓink'ʸ, kuẓik'ʸ, kuẓin ;* parf. *uẓići. uẓićir, uẓić, uẓicink'ʸ, uẓićik'ʸ, uẓicin;* fut. *piti. uẓiem, piti uẓi ;* part. *uẓir,* après l'auxiliaire *uẓie.*

Il n'y a qu'une seule étude sur le dialecte de Van : c'est ma *Lautlehre des Van-Dialekts,* publiée dans *Zeitschrift für armenische Philologie,* I.

Les textes écrits en ce dialecte sont :

Արիստակէս վ. Տէր — Սարգսեան — Պանդուխտ վանցին. Constantinople, 1875.

Արիստակէս վ. Սեդրակեան — Քնար մշեցոց և վանեցոց. Vagharšapat, 1874.

Գեորգ Շերենց — Վանայ սազ. I, Tiflis, 1885; II, Tiflis, 1899.

Գ.. վ. Սրուանձտեանց — Գրոց — բրոց. Constantinople, 1874.
   — Մանանայ. » 1876.
   — Համով-հոտով. »

Գարեգին Սարկաւագ — Սասմայ ծռեր (sous-dialecte de Moks), Tiflis, 1892. p. 64-151.

Բ. Խալաթեանց — իրանի հերոսները. Paris, 1901, p. 45-56.

Տիգրան Տէրոյեան — Նրգարան. Boston, 1901, p. 549-592.

Ս. Աբեղեան — Թլուատ Դաւիթ. Tiflis, 1902 (sous-dial. de Moks).

Մ. Աբեղեան — Դաւիթ և Մհեր. Choucha, 1889, »

Ս. Հայկունի. — 34 contes populaires en dialecte de Van et sous-dialectes de Moks, Norduz, Šatax et Ozmi, publiées dans Էմինեան Ազգագրական ժողովածու, Vagharšapat, vol. II, IV, V, VI.

D'autres petits textes :

en dialecte de Van : dans la revue Բիւրակն, 1898, p. 183, 459, 558, 583; 1899, p. 15, 151 ;

en sous-dialecte de Šatax : *ibid.*, 1898, p. 558, 569 ;

en sous-dialecte d'Ozmi : *ibid.*, 1899, p. 20, 119, 298.

4. — *Dialecte de Diarbékir.*

Le centre de ce dialecte est Diarbékir; les autres localités où il est parlé sont Lje, Hazro, Hazzo, Xian, Sévérek et Urfa (Edesse). On a très peu publié sur ce dialecte ; il y a quelques petits textes : proverbes et devinettes populaires dans la revue Բիւրակն ; en dialecte de Diarbékir : 1898, pp. 332, 377, 413, 445, 470, 569 et 700; 1899, pp. 545 et 731; 1900, pp. 330, 450 et 677 ; en parler de Xian : 1898, pp. [301 et 493; 1899, p. 650 ; en parler de Hazzo : 1898, p. 538; 1899, pp. 37, 75 et 641 ; en parler de Hazro : 1899, p. 805; 1900, p. 263; en parler d'Ourfa : 1900, p. 331 ; en parler de Sévérek : 1899, p. 331.

A défaut d'une étude quelconque, et en se fondant sur ces petits textes, très insuffisants, on peut marquer les traits suivants :

Le dialecte de Diarbékir est assez proche de celui de Muš, mais il en diffère par quelques traits : ո devient ici *o* (peut-être faut-il entendre par là *uo*) : դուռն > *dhor* « porte »; ո devient *u* : նոր > *nur* « nouveau », փոր > *p'ur* « ventre », հող > *huγ* « sol », սոխ > *sux* « oignon », չորս > *čurs* « quatre » ; ե devient *i* : սեաւ > սեւ > *siv* « noir », տեսանել > *disnal* « voir », շերեփ > *šerip'* « grosse cuiller », երես > *eris* « visage » ; այ devient *e* : զայն > *zen* « le (acc.) », ձայն > ձէն « voix », այծ > էծ « chèvre ». La consonne *h* reste toujours *h* comme à Muš même. Le parler de Hazzo a créé un nouveau phonème, qui est connu seulement à Maragha, et qui est inconnu des autres dialectes : c'est la prononciation du *w* anglais ; le *v* initial se change en ce phonème même dans les mots étrangers : *woren* < ի վերայ « sur », *war* < որ « qui », *waxt* < arabe وَقْت *vaqt* « temps ».

Dans la grammaire nous remarquerons : l'article de l'arm.

moderne *ɛ* est toujours prononcé *e* : բերանը > *ɾɛɾɑɴɛ̆* « la bouche »,
շունը > *šúne* « le chien », սիւնը > *súne* « la colonne ». L'accusatif prend comme à Muš le préfixe * զ*, l'ablatif est en -*c*, mais les
infinitifs prennent -*uc* ; le signe du pluriel est -*nir* ou -*ni* : ձկնիր
« poissons », հրեշտակնի « anges ». Une forme très caractéristique du dialecte est *ɦup* (accusatif de *ɦu*). Parmi les autres pronoms nous pouvons citer : զքեզ représenté par *əžk'i*, զմեզ par
əžmi, *ɦm* par *əm*, մեր par *mər*, ձեր par *jhər*, *ur* par *ur*, *ər*, իրեան
par *əran*, յիւրմէ par *ərmen*, իրենանց par *urac*. Les articles personnels ս, ը, ն qui, en arménien moderne, s'attachent simplement aux
noms, prennent dans ce dialecte -*i* : *bheránsi, ghlóxsi, erísti* ou *dhórit*.
vízit au lieu de բերանս, զլուխս, երեսս, դուռդ, վիզդ ; gén. *bherníti*,
hokúti, sərlíti, meγáçis, instr. *eresóvti*, au lieu de բերնիդ, հոգուդ, etc.
On dit par ex. *sərtíti súne, hokúti túne*, ce qui donne à la langue
une belle harmonie.

Les verbes ne présentent pas d'anomalies : l'imparfait perd son
i : *gidenk'* < գիտէինք « nous savions » ; les monosyllabes, *լաս*
գաս աս, *կալ* sont devenus *իդաս իլաս խաս, իկաս*, même dans la
conjugaison : ex. * իկայ* pour dire *կայ* « il y a », * իլալով* « en pleu-
rant ». L'adverbe այլ (*էլ, ալ*) est *le*, comme à Muš, mais aussi *lə*.

5. — *Dialecte de Kharput — Erzinghian.*

Les deux grands centres de ce dialecte sont Erzinghian et
Kharput ; les autres localités sont Palu, J̌abaγjur, Čmišgajak,
Čarsanjak, K'γi, Dersim et Kamax. La frontière occidentale du
dialecte est déterminée par le grand fleuve Euphrate et au nord
par la chaîne des montagnes du Ponte. La partie méridionale de
ce cercle est suffisamment étudiée, mais la partie septentrionale
laisse beaucoup à désirer. On n'a absolument rien sur le parler
de Kamax ; et ce n'est que par hypothèse que je l'ai attribué à ce
groupe. Pour le parler d'Erzinghian, on trouve quelques petits
renseignements dans la revue Բիւրակն, 1898, p. 563, et un texte
assez long dans la même revue, 1899, p. 386-388. Pour le parler du district de Dersim nous pouvons consulter le livre de
voyage de Սէրդանլի, intitulé Տէրսիմ (Tiflis, 1900). Pour le parler

de K῾γi. voir Թիրական, 1898, pp. 201, 314, 315, 345, 472, 809 et 1899, p. 554. Pour celui de Čarsanjak, nous avons les ouvrages suivants :

Ս. Հայկունի — Հութաթիկ Կ.Սամէ Հայիի Etchmiadzin, 1895.
—   — Մշքոս. Etchm. 1896.
—   — 11 contes populaires publiés dans Էմինեան Ազգ. Ժողովածու, II. Etchmiadzin, 1901.

Pour Palu, Čmišgajak et Jabaγjur on n'a rien, mais pour Kharput on a plusieurs textes publiés dans la revue Թիրական (1898, pp. 331, 473, 583, 584, 623, 671, 776; 1899, p. 18; 1900, pp. 233, 316, 331, 491, 519, 730) et une petite description de la formation de ce dialecte (*ibid.*, 1899, p. 777). En dehors de ceux-ci j'ai une étude complète encore inédite sur le dialecte de Kharput.

Une colonie d'Arméniens de Kharput, à ce que je crois, se trouve à Manissa, ville près de Smyrne, où ils occupent un quartier à part (voir à ce sujet Թիրական, 1899, p. 402-405 et l'étude de leur dialecte, *ibid.*, pp. 291, 402, 503, 528, 575).

Le système phonétique du dialecte de Kharput et d'Erzinghian est un peu plus simple que ceux d'Erzeroum et de Muš. Il connaît les voyelles *a*, *ä*, *e*, *ə*, *i*, *o*, *u*, mais *ö*, *ü*, *ie* et *uo* lui sont inconnus. Dans les traitements des voyelles et des diphtongues nous remarquerons :

ոյ > *o* : *լոյս* > *los* « lumière », *քոյր* > *k῾or* « sœur »; *իւ* > *i* : *արիւն* > *arin* « sang », *աղբիւր* > *axbhir* « fontaine », *ալիւր* > *alir* « farine »;

ե initial dans les monosyllabes devient *ye*; dans les autres cas on trouve *e*; *ո* est devenu partout *o*; *այ* est changé en *ä*.

Le dialecte connaît trois degrés de consonnes : sonores, sonores aspirées et sourdes aspirées. La série des sourdes simples est inconnue. Les sonores de l'ancien arménien sont devenues ici sonores aspirées, les sourdes sont devenues sonores, et les sourdes aspirées sont restées telles. Le dialecte a créé les gutturales palatalisées *g^y* et *k῾y* qui représentent les gutturales *g*, *k῾* après *e* et *i*.

Parmi les changements des consonnes on doit remarquer l'assimilation de *ն* devant *ծ* et la perte de *ո* devant *ղ* et *ն* :

ʃmmʾʾbl > *mənnel* « entrer », *qmmʾʾbl* > *ghənnal* « trouver », *mqm_ʾʾʾbl* > *bannel* « tuer », *mʾʾmmʾ* > *bidag* « blanc », *mmbʾʾdbl* > *derjel* « créer », *mmbmʾʾpʾʾ* > *dabʾin* « carotte ». Le parler de Dersim a le caractère, singulier dans l'arménien, de changer les semi-occlusives chuintantes *ǯ*, *ǰ*, *č* en la série non chuintante correspondante *j*, *jh*, *c* : *camic* < *ʒmʾʾfʾʾ* « raisin sec », *jhur* < *ʒmʾp* « eau », *janj* < *ʒmʾʾʒ* « mouche ».

La grammaire n'a rien de nouveau ; les cas sont : nom., gén. dat., acc., abl., instr.; le datif a toujours la même forme que le génitif, et l'accusatif que le nominatif sans différence d'animé ou inanimé. Le signe de l'ablatif est -*e*, celui du pluriel -*er*, -*ner*. Parmi les pronoms nous pouvons citer :

injis, *ənjis* valant *qʾm* ; *immənə*, *jʾʾbʾʾ* ; *mizi*, *jhizi*, *k'izi* ou *məzi*, *jhəzi*, *k'əzi*, *mʾbʾʾ,ʾʾbʾʾ,ʾbʾʾ*, *mermənə*, *k'umənə*, *jhermənə*, *ʾ mʾbʾ*, *ʾ ʾbʾ*, *ʾ ʾbʾʾ*, etc. Le verbe est simple : le changement de *ě* en *i* ne se trouve qu'à la 1re pers. du singulier et du pluriel ; la 3e pers. sing. est en *ä* : *gə sirim*, *gə sirinkʸ*, *gə sirä* ; l'imparfait et le parfait sont comme en arménien littéraire ; le futur est formé avec *də* (abrégé de *bidi* < *mʾʾpʾ*).

6. — *Dialecte de Šabin-Kara-Hissar.*

La ville de Šabin-Kara-Hissar avec *Acbəder* forme un dialecte à part, qui occupe une position intermédiaire entre les dialectes de Kharput et de Tokat. Comme le premier, il connaît les trois degrés de consonnes, mais son vocalisme est comme à Tokat (voir ci-dessous). Ici aussi *ʾ* médial est devenu *ö*. A la 1re pers. du singulier et du pluriel *ě* est changé en *i* : *gə bherim*, *ghuzim*. Pour l'indicatif présent et l'imparfait, on a deux formes : simple et instantanée; la dernière est formée par *dar* : c'est le signe caractéristique du dialecte.

Sur le dialecte de Šabin-Kara-Hissar on n'a absolument rien publié; la description sommaire que je viens de donner est faite au moyen d'un texte que M. F. Toromanian (ingénieur architecte, indigène de Šabin-Kara-Hissar) a bien voulu écrire lui-même et me remettre sur ma demande.

7. — *Dialecte de Trébizonde.*

Ce dialecte est parlé sur une petite étendue : ce sont les villes de Trébizonde, Baïbourt, Gümüšxane et Kirasun (dont les habitants Arméniens sont venus de Trébizonde). Les villages de Trébizonde et ceux de Baïburt n'entrent pas dans ce cercle, ayant les premiers un dialecte spécial et les seconds le dialecte d'Erzeroum. Une autre colonie des Arméniens de Trébizonde s'est réfugiée et installée après les derniers massacres, à Batoum, Poti, Sévastopol, Yalta, Kerč.

Rien n'a été publié sur ce dialecte : le petit recueil de proverbes de Baïburt publié dans la revue Բիւրակն, 1899, p. 567, me fait l'impression d'être écrit en dialecte littéraire. J'ai été obligé de me fonder sur mes observations particulières, qui ne sont pas suffisantes. Les études ultérieures auront peut-être beaucoup à rectifier ici.

Le dialecte de Trébizonde connaît les mêmes voyelles qu'Erzinghian ; mais le système des consonnes est tout autre ; des trois degrés de l'ancien arménien il ne reste plus que deux : les sonores et les sourdes aspirées ; les sonores et les sourdes non aspirées de l'ancien arménien se sont confondues, toutes deux s'étant également changées en sonores ; les aspirées restent sans changement. C'est d'ailleurs l'état général de tous les dialectes occidentaux de l'Asie-Mineure.

Il n'y a guère d'autres changements phonétiques. La morphologie est aussi fidèle aux formes classiques, ce qui fait que le dialecte passe pour assez correct. Son trait caractéristique est le suffixe *-er* qui sert à former l'instantané de l'indicatif présent et de l'imparfait dans toute l'étendue du cercle : *gə sirim er* « j'aime à présent », *gə sirei er* « j'étais sur le point d'aimer ».

8. — *Dialecte de Hamšen.*

Le centre et l'origine de ce dialecte très dispersé est le village Hamšen à l'est de Trébizonde. Il y a deux ou trois siècles, le district était entièrement arménien, mais la barbarie des Turcs y a presque exterminé la nation arménienne : des dizaines de milliers d'Arméniens ont accepté l'islamisme et actuellement sont appelés Turcs, quoiqu'ils parlent encore leur ancien dialecte. Le reste de la population arménienne de Ramšen s'est dispersé dans les villages de Trébizonde, Unie, Faça, Terme, Caršamba et même encore plus loin aux environs de Samsun, Sinope et à Ismidt. Dans les dernières années une autre masse d'Arméniens de Hamšen a émigré au Caucase où elle a fondé beaucoup de colonies arméniennes sur les rives de la mer Noire : ce sont Suxum, Sŏči, Mcara, Cebelda, Adler, Šapʿšuka.

Les voyelles de ce dialecte sont : *a, e, ə; i, o, u, ü*; les sons *ä, ö, ie, uo* y manquent. L'*ա* de l'ancien arménien est devenu *o* devant nasale : *բան* > *bon* « chose », *բերան* > *beron* « bouche »; *ե* et *է* sont également *e* et *ո, o* toujours *o* : *երկու* > *ergu* « deux », *երեսուն* > *eˋsun* « trente », *ոսկի* > *osgi* « or »; mais parfois *ո* devient *ü* : *չորս* > *čüys* « quatre », *ձոր* > *jür* « vallée ». Comme diphtongues nous avons *այ* > *e, ոյ* > *u, իւ* > *u* : *հայր* > *her* « père », *լոյս* > *lus* « lumière », *ձիւն* > *jun* « neige ». La série des consonnes est tout à fait dérangée : il ne subsiste que les sonores et les sourdes aspirées; les sonores et les sourdes simples de l'ancien arménien sont représentées toutes les deux par des sonores; les sourdes aspirées restent sans changement. La consonne *r* suivie de dentale devient *š*; suivie d'autres consonnes, elle passe à y, et est maintenue devant les voyelles : *մարդ* > *mašt* « homme », *գատարակ* > *դարդակ* > *daydag* « vain ».

En morphologie, c'est la conjugaison qui présente des particularités curieuses : l'indicatif présent et l'imparfait demandant le préfixe *g* pour les verbes à initiale vocalique, mais le suffixe *gu* pour les verbes à initiale consonantique : *gasim* « je dis », *gudim* « je mange », *nedim gu* « je jette », *sirer gu* « il aimait ». Le signe du futur. *պիտի* est toujours postposé et devient *իտի* après *m* de la première personne ; *udim idi* (< *udim midi*, *udim-idi*), *udis bidi*, *ude bidi*, *udinkʿ bidi*, etc. La négation *uč* est de même toujours postposée : *desi uč* « je n'ai pas vu », *udikʿ uč bidi* « vous ne mangerez pas ». Les finales d'infinitif *-el, -il, -al, -ul* sont éliminées, et il y a un nouveau suffixe -*uš* (= pers. *uš*) pour toutes les conjugaisons : *xosuš* équivaut à *խոսել* « parler », *ešt'uš* à *երթալ* « aller ».

Pour l'étude du dialecte de Hamšen nous avons un seul texte publié dans la revue Ա.րարատ, 1892, p. 428-447. L'auteur, qui n'a pas signé, est M. Sarkis Haïguni, originaire des villages de Trébizonde. On trouve un recueil de mots et quelques petits renseignements dans la revue Բիւրակն, 1899, pp. 508, 558, 603, 654, 699, 752, 779 ; 1900, pp. 14, 29, 42, 59, 82 et 120. J'ai préparé une étude spéciale du dialecte, mais elle est encore inédite.

9. — Dialecte de Malatia.

Ce dialecte est parlé dans la ville de Malatia et dans ses villages jusqu'à Adiyaman (ou Hüsnimansur). Sur le parler de Malatia nous avons un aperçu de sa phonétique publié dans la revue Բիւրակն, 1900, p. 118, et deux petits textes insuffisants pour étudier le dialecte (ibid., 1898, p. 620; 1899, p. 772). Pour le parler de Adiyaman, on n'a qu'un tout petit texte (ibid., 1900, p. 331).

D'après ces documents, nous voyons que le dialecte de Malatia est intermédiaire entre celui de Kharput et celui de Cilicie. Il est plus altéré que le premier, mais assez bien conservé par rapport au second. Le dialecte de Malatia fait dans les voyelles et les diphtongues les changements phonétiques suivants :

ե $>$ a : մեծ $>$ manj « grand », բեռն $>$ p'ar « fardeau », սիսեռն $>$ səsaŕ « pois », լեառն $<$ լեռ $>$ laŕ « montagne », yap' $<$ երբ « quand ».

ե $>$ i : գորեան $>$ յորեն $>$ corin « blé », խելք $>$ xilk' « esprit », ես $>$ is « moi », աւետարան $>$ avidiran « évangile », սեաւ $>$ սեւ $>$ siv « noir ».

ու $>$ o : դուռն $>$ t'or « porte », ջուր $>$ çoŕ « eau », ում $>$ hom « à qui ».

այ $>$ e : մայր $>$ mer « mère », այս $>$ es « ceci », փայտ $>$ p'ed « bois », այգի $>$ ek'i « vigne », այրել $>$ eril « brûler ».

այ $>$ a : ծայն $>$ can « voix », լայն $>$ lan « large ».

ոյ $>$ o : քոյր $>$ k'or « sœur », լոյս $>$ los « lumière ».

իւ $>$ i : աղբիւր $>$ axp'ir « fontaine », հարիւր $>$ herir « cent », արիւն $>$ erin « sang ».

իւ $>$ o : սիւն $>$ son « colonne ».

Le dialecte de Malatia présente dans le consonantisme un système nouveau : des trois séries des consonnes il reste, comme à Trébizonde et ailleurs, deux, celle des sonores et celle des sourdes aspirées; mais ici *les sonores de l'ancien arménien sont devenues sourdes aspirées,* · et les sourdes sont devenues sonores : · *բարի* > *p'ari* « bon », *բարձ* > *p'àrc* « coussin », *բերել* > *p'erel* « apporter », *բարձր* > *p'ancər* « haut », *գիրք* > *k'irk'* « livre ». *դանակ* > *t'anag* « couteau », *դուռն* > *t'oi* « porte ».

Pour la grammaire nous n'avons pas noté de particularités. et si les textes publiés sont exacts, elle n'en aurait pas de notables.

10. — *Dialecte de Cilicie.*

Sous ce nom général, nous comprenons les parlers de Hajin, Zeïtun, Maraš et plus au sud ceux de Kilis, Payas, Alexandrette et Svédia. Ces parlers quoiqu'ils présentent certaines différences entre eux, ont tous un même caractère général.

Parmi ces parlers, ceux de Zeïtun et de Maraš sont suffisamment étudiés. Sur le premier on a Ուլնիա կամ Զէյթուն. par Յ. Ալիշանեան, Constantinople, 1884. Ce livre contient une bonne quantité de textes populaires et un lexique. D'autres petits textes sont publiés dans la revue Բիւրակն, 1898, p. 744: 1899, pp. 18, 137, 443, 545; 1900, pp. 74, 228.

Le sous-dialecte de Maraš a été étudié d'abord par Մեսիր Մ. Գաբիթ բէկ dans Հանդէս Ամսօրեայ, 1896, pp. 43-45, 113-4, 229-232, 354-7, d'après un texte publié dans Արաքս. La même étude a été abrégée par l'auteur même dans: *Mél. Charles de Harlez,* 1896, p. 204-211.

Une autre étude plus complète, mais sans valeur scientifique et quelques textes populaires sont publiés dans : Բիւրակն, 1898. pp. 179, 360, 387, 425, 452, 465, 481, 535, 570, 585, 597, 693. 860, 888; 1899, pp. 101, 314, 349, 405, 425; 1900, p. 185 et 363. Sur le parler de Hajin on a très peu de chose (v. Բիւրակն. 1898, p. 779; 1899, p. 41; 1900, p. 331). Deux petits textes en parler de Késab et d'autres villages d'Antioche. voir Բիւրակն, 1899, p. 443 et 1900, p. 731. Les parlers des autres localités restent absolument inconnus.

Le dialecte de Cilicie, dont le représentant le plus pur est le parler de Zeïtun, contient les voyelles suivantes : *a, ä, e, ə, i, o, ö, u, ü*. Il y a trois degrés de consonnes à Zeïtun et à Hajin : sonores, sonores aspirées et sourdes aspirées. Au sud, c'est-à-dire à Maraš, les sonores aspirées manquent. A Antioche on connaît aussi les diphtongues *ie, oə, eï, iy, aï* qui n'existent pas ailleurs.

Parmi les changements phonétiques, le plus caractéristique et le plus universellement répandu est le changement de ա en *o* sous l'accent; dans les autres positions, ա reste *a* ou devient *ä*; ե et է sont devenus *e* ou *i* : երեկոյ > *irgon* « soir », երեսուն > *ersun* « trente »; ի reste souvent *i*, mais a tendance à s'ouvrir peu à peu; à Zeïtun dans beaucoup de cas ի est devenu *e, ə*, mais à Maraš déjà *a* : միս > Zt. *məs*, Mr. *mas*, կնիկ > Zt. *gənəg*, Mr. *gənag*; ո est passé par *o, ü, ö*; ու > *o, ü*; իւ > *i, ə, e*; ոյ > *ü, i*; այ > *ä*. A Zeïtun et à Hajin les sonores de l'ancien arménien sont devenues sonores aspirées, les sourdes, sonores; les sourdes aspirées subsistent. A Maraš, où les sonores aspirées manquent, les sonores et les sourdes sont également représentées par des sonores. La consonne ր est à Zeïtun presque toujours devenue *y*.

Le dialecte de Cilicie tend en général à assimiler les voyelles d'un même mot; on dit par exemple à Zeïtun *ghonoc* < գնաց, *k'oson* < քսան, *gongon* < կնկան, *isgi* < ոսկի, *gort'om* < կերթամ; à Maraš *üsür* > աոր (signifiant սորա), *Üsüs K'ürüsdüs* < Յիսուս Քրիստոս.

La morphologie n'offre pas de particularités importantes, mais les changements phonétiques ont donné aux formes un aspect en partie nouveau. L'article défini ը *ə* et l'article indéfini մը *mə* (< v. arm. մի) sont présentés à Maraš sous des formes différentes : *ə, i, u, ü* et *mə, mi, mu, mü*, suivant la voyelle de la dernière syllabe du mot : *šabágə* = arm. mod. շապիկը « la chemise », *p'édi* < փետ որ < փայտ որ « le bois », *axšini* < աղջիկը « la fille », *danógu* < դանակը « le couteau », *mügu* < մուկը « la souris », *xüdü* < խոտը « l'herbe », *šabag mə* < շապիկ մը « une chemise », *p'ed mi* « un bois », *axšin mi* « une fille », *danog mu* « un couteau », *mug mu* « une souris », *xüd mü* « une herbe », *ör mü* < որ մի « un jour ».

Dans la déclinaison, les formes sont les mêmes qu'à Kharput.

etc. Le pluriel est formé en -*ir*, -*nir*, -*na*, -*nə*, -*däk* : *çirinnir* =
arm. mod. ցորեններ « des blés », *səsernə* = սիսոռներ « des pois »,
oŕuznə = ορիզներ « des riz », etc. Parmi les pronoms on remarque
à Zeïtun : *is* < ես « moi », *əsəg* « զիս », *dhon* « դու », *zəzk'iz* « զըրզ
(avec deux préfixes), *än*, *ono* « այն,նա », *äs*, *oso* « այս, սա », *äd*, *odo*
« այդ,դա », gén. *ənir*, *önür* « նորա », abl. *ənigic* « ի նմանէ », gén. pl.
önünç « նոցա », instr. *önüvük'* « նորնէք », *irink'* « իրենք », *üv* « ով »,
yor « որ », *yórər* « ուր որ », *čirk'* « ինչ », gén. *čuŕu* « էր », dat. *om*
« ում »; à Maraš : *əso*, *es* « այս, սա », *ədo*, *ed* « այդ », *en*, *əno* « այն »,
gén. *əsür*, abl. *əsigem*, instr. *əsigü*, pl. nom. *əsink'*, *üsünk'*, gén. *əsünç*,
üsünç, abl. *əsünçme*, *üsünçme*, instr. *əsünçmü*, *üsünçmü*; la déclinaison
des pronoms ես, դու, որ est comme suit :

N.	*is*	*mink'*	*don*	*dek'*	*ürü*	*üriri*
G.	*im*	*mir*	*k'in*	*jir*	*uruman*	*ürurun*
D.	*ies*	*miz*	*k'ez*	*jiz*	»	»
Acc.	*yas*	*mizni*	*əsgi*	*jizni*	*ürü*	*üriri*
Abl.	*imne*	*mirne*	*k'inne*	*jirne*	*urumen*	*ürurune*
Instr.	*imü*	*mirnü*	*k'innü*	*jirnü*	*urumü*	*ürurumü*

L'indicatif présent et l'imparfait sont formés à l'aide du préfixe *go*, à Zeïtun et à Maraš; mais devant les verbes à initiale
vocalique ce *go* est répété à Zeïtun, et ne l'est pas à Maraš : *go
jaxin* « ils vendent », *go gip'e* = եփէ « il cuit », *go guze* « il veut »
= կուզէ, *go gudos* = տաս (կուտաս) « tu donnes » (Zt.); *go ille* =
ելանէ « il se lève, il sort », *go aŕnu* « il prend ». Maraš a deux
espèces de futurs : futur ordinaire formé par *bide* (< պիտի) et futur
instantané formé par la juxtaposition du verbe conjugué *izil* <
ուզել « vouloir » : *bide birim* « j'apporterai ». *gizim biri* « j'apporterai tout de suite »; le participe passé est en *ir* : *girir e* « կերեալ է »;
pris comme adjectif, il demande le suffixe -*mon* (= gr. -μενος :
ip'mon « cuit », *p'oŕmon* « սփռեալ « étendu ».

Remarque. — On sait que, dans toute la partie occidentale de
l'Asie-Mineure, l'arménien est remplacé par le turc; cependant,
il y a quelques localités où l'arménien persiste encore : ce sont
Stanos (village près d'Angora), plus loin Nallə-xan et Sivrihissar
et quelques villages de Yozgat. Leur parler n'est pas connu. Pour

Stanos nous avons quelques renseignements et un petit texte
dans la revue *Բիւրակն*, 1899, p. 670 et 1900, p. 233. Ces mor-
ceaux ne sont pas suffisants pour l'étude du dialecte. Il semble
que ces parlers forment un sous-dialecte de celui de Cilicie.

11. — *Dialecte de Syrie.*

Dans la revue *Հանդէս Ամսօրեայ*, 1907, p. 27, on lit un petit
texte en dialecte d'Aramo. C'est un petit village arménien près
de Šuγr ou Jisr-i-Suγur en Syrie. Ce parler est tellement éloigné
de l'arménien classique, que même le linguiste aura peine à le
comprendre. A défaut de renseignements plus complets, je ne
saurais dire si le dialecte est particulier à ce village ou s'il est
parlé dans quelque autre localité voisine. Le dernier cas est sans
doute le plus probable ; le parler de Svédia qui m'est tout à fait
inconnu, pourrait appartenir à ce dialecte. C'est pourquoi j'ai
cru bon de généraliser le nom et de mettre en titre : dialecte de
Syrie.

Par le petit texte du *Hantēs* on voit que le dialecte de Syrie
connaît les voyelles *a, e, ə, i, o, u* ; *ä, ö, ü* manquent. Ce n'est pas
étonnant, parce que ces voyelles manquent aussi à l'arabe : par
contre, il y a des diphtongues rares ou même inconnues des autres
dialectes : *aï, aə, au, eï, ie, ua*. Parmi les changements phonétiques
on remarquera :

ա > *u* : *հաց* > *huç* « pain », *պարտք* > *burkk'* « dettes », *բաց*
> *buc* « ouvert », *բերան* > *berun* « bouche », *չար* > *čur*
« méchant ».

ե > *i* : *մեր* > *mir* « notre », *մեք* > *mik'* « nous », *զմեզ* > *əzmi*
« nous »,

ա > *a* : *հացը* > *húça* « le pain », *բերանը* > *berúna*, *պարտքերը*
> *burkk'éra*.

ի > *eï* : *երկինք* > *yergeïnk'* « ciel », *հոգին* > *hok'eïn* « l'âme »,
զիս > *yeïs* « me ».

ու > *au* : *սուրբ* > *saurp'* « saint », *անուն* > *anaun* « nom ».

On notera l'usage constant des préfixes *ʒ* pour l'accusatif et *ի* pour l'ablatif et le locatif; ce dernier est d'une haute antiquité et ne se trouve dans aucun autre dialecte moderne : *i gedeïnkʻa* « ի զետին, à terre », *əzmir hŭca* « զѕшg *մեր*, notre pain », *i pʻur-cŭnkʻa* « ի փʼpʒшīս », *i čurkʻeïn* « ի չʼpʼէ », *zim berŭna* « զрhrшīս իմ », *zim čargŭma* «զʒшpkшīս իմ», *zDuda u zjtta u zHokʻeïn saurpʻa* « զѕшyp եʒ զʼpʼʒʼ[īս եʒ զѕʼʼʒ[īս sʼʼpp ».

12. — *Dialecte d'Arabkir*.

Les parlers d'Arabkir, Divrig, Gürün, Darende et celui des villages de Césarée[1] présentent des traits identiques, de façon qu'il m'a paru nécessaire de les classer sous une même catégorie. Le dialecte spécial de la ville d'Arabkir est étudié par Մեխիթ Ս. Գաւիթ-Բէկ (voir Հանգէս Ամʼʼphʼʼy, 1900-1906); nous trouvons aussi dans cette étude quelques petits textes; un recueil de devinettes est publié dans Բիʼpшʼʼīս, 1900, p. 135. Des textes en parler de Gürün, voir Բիʼpшʼʼīս, 1898, p. 839; 1899, pp. 410, 425, 478; 1900, pp. 331, 634; ceux de Darende, *ibid.*, 1899. pp. 295, 498, 572; ceux des villages de Césarée, *ibid.*, 1898, pp. 331, 406, 454, 580, 647; 1899, pp. 74, 200; 1900, pp. 469, 636; Բшīսʼʼʼʼʼʼʼʼʼʼ, 1902, p. 174-5; ceux de Divrig, dans Եʼմʼīսեшʼīս Սʒʒшʒp. ʒʼʒʼʼʼʼʼʼʼʒ, vol. VI.

Le dialecte d'Arabkir a sept voyelles : *a, ä. e, ə, i, o, u*; les consonnes présentent trois séries : sonores aspirées, sonores et sourdes aspirées. Toutefois le cercle du dialecte que nous avons décrit doit être partagé en deux: Arabkir et Divrig occuperont la première, comme dialecte principal, et Gürün, Darende et Césarée en formeront un sous-dialecte. Ce qui caractérise ce dernier, c'est que la première série des consonnes, c'est-à-dire celle des sonores aspirées, y manque. De même tandis qu'Arabkir change

---

1. Dans la ville de Césarée l'arménien est oublié, mais quelques-uns de ses villages (Etkéré, Évérek, Tomarza, Munjusun, Nizé, Balahési, Fénésé) parlent encore arménien. Il en est de même pour Yozgat, ville parlant turc, mais dont les villages parlent arménien.

la diphtongue *այ* en *a*, Gürün, etc. la changent en *e*. Les traits caractéristiques généraux du dialecte sont :

1. L'emploi du suffixe d'instrumental *-okʿ* au lieu de *-ov* : *jheï-kʿokʿ* ou *jerkʿokʿ* « avec la main », *xoselokʿ* « en parlant », etc.

2. L'emploi de la caractéristique de l'indicatif présent et de l'imparfait *ga, go, gu*, qu'on met avant ou après le verbe et qui devant les verbes à initiale vocalique est répétée : *γərgä gu* « il envoie », *gəsä gu* « il dit », *getʿa gu* « il va » (Arabkir) ; *ǰo xexdes* « tu étrangles », *go gertʿam* « je vais », *gude go* « il mange » (Gürün) ; *ga gertʿam* « je vais », *ga guden* « ils mangent » (Césarée) ; *berem ga* « j'apporte » (Darende), etc.

On ne note pas d'innovations graves dans la phonétique ou dans la grammaire de ce dialecte, qui peut passer pour très conservateur, surtout quand on le compare au dialecte de Cilicie.

Une forme grammaticale curieuse est le génitif des infinitifs à Césarée ; ainsi *mənaluyi, xoseluyi, daluyi,* etc. ; ces formes ont deux fois le suffixe du génitif, et sont faites sur *mənalu*, etc.

13. — *Dialecte d'Akn.*

Il est parlé dans la ville d'Akn avec les villages environnants. Un recueil de textes en ce dialecte se trouve dans l'ouvrage ethnographique de Թ. Խանիկեան, intitulé Հնութիւնք Ակնայ (Tiflis, 1895). D'autres petits textes sont publiés dans la revue Բիւրակն, 1898, pp. 101, 330, 360, 393, 492, 557, 565, 601, 827, 895 ; 1900, pp. 388, 695.

Le dialecte d'Akn connaît 8 voyelles : *a, e, ə, i, o, ö, u, ü* et trois séries de consonnes comme celui d'Arabkir. L'anc. arm. *ա* suivi de nasale passe toujours à *o* : ճանճ > *jonǰ* « mouche », անալի > *olli* « non salé », անձրեւ > *orzev* « pluie » ; *ու* devient *ü* et *ո, o* > *ö* : ունիս > *ünis* « tu as », ութ > *ütʿ* « huit », չորս > *čörs* « quatre », դուռն > *dhör* « porte », այսոր > *asör* « aujourd'hui ». Après voyelle suivie de *h*, il s'intercale un *y* : մահ > *mayh*, գոհ > *ghoyh*, շահ > *šayh*, ահ > *ayh*. Dans les diphtongues nous remar-

querons *ɯɹ* > *a*, *nɹ* > *u*, *ɪʊ* > *u* : *ʕɯɪɾ* > *bar*, *dɯɹɾ* > *mar*, *ʟɹɯ* >
lus, *ɯɾɪʊ* > *arun*, *ʒɪʊ* > *jhun*. Le changement des consonnes
se fait comme à Kharput, etc.

La grammaire d'Akn ne présente guère de traits particuliers,
et ce ne sont que les lois phonétiques générales du dialecte qui
produisent certaines différences, par ex. *ü* dans les génitifs des
noms : *Asdüjü* < *Ա...ծɔɹ*, *hok'ün* < *ʕɔɋʊɹʊ*, *meʹelneriin* < *ʃʊɾʊ-*
ʊʊɾɯʊ ; *gü* comme préfixe de l'indicatif présent et de l'imparfait : *gü dam* « je donne »; la voyelle *ʊ* des désinences verbales
est changée en *i* devant nasale, mais subsiste par ailleurs : *gü*
xɔrgim, *gü xɔrges*, *gü xɔrge*, *gü xɔrgink'*, *gü xɔrgik'*, *gü xɔrgin*. La
2ᵉ pers. du pluriel de l'imparfait et du passé défini est en -*ank'*
(ici la loi de *ɯʊ* > *on* n'est pas observée, l'*ɯ* étant maintenu par
analogie des autres formes), semblable à l'arm. anc. *-ɯɟ*, tandis
que l'arménien moderne a *-ɪʊɟ* : *güdeank'*, *bherank'*, cf. anc. arm.
nɯʊʊɯɟ, *ɟʊɾɯɟ*, arm. mod. *ʝnɯʊʊɪʊɟ*, *ɟʊɾɪʊɟ*. Le futur est formé
au moyen de *di* ou *d* (devant voyelles), qui sont des formes abré-
gées de *ɯɟɯɾɪ* : *düdeank'* « *ɯɟɯɾɪ nɯʊʊɪʊɟ* », *di bherim* « *ɯɟɯɾɪ*
ɟʊɾʊʊ ».

14. — Dialecte de Sivas.

Ce dialecte est parlé dans la grande ville de Sivas avec ses
45 villages arméniens. Malheureusement rien n'a été encore
publié à ce sujet, ce qui nous oblige à être très bref. Je sais
seulement que le dialecte possède les diphtongues *ie*, *uo* représentant *ʊ*, *n*, ainsi que les trois degrés de consonnes, exactement
comme à Kharput. J'ai eu occasion d'étudier les occlusives à Paris
au laboratoire de phonétique expérimentale dirigé par M. Rousselot (voir mon travail : *Les explosives de l'anc. arm.*). Le dialecte
de Sivas est très fidèle à l'ancien arménien et peut passer pour
l'un des dialectes les plus conservateurs.

15. — *Dialecte de Tokat.*

Le dialecte de Tokat est parlé dans les villes de Tokat, Amasia, Marsivan, Ordu, Samsun et Sinope avec les villages environnants. Les trois dernières villes n'étant que des colonies fondées dans les derniers temps ne constituent pas des parlers propres; la majeure partie de leur population vient de Tokat et par conséquent parle ce dialecte.

Le dialecte de Tokat est étudié par Թ. Դատգանճեան, dans son ouvrage intitulé Երդնկիոյ Հայոց Գաւառաբարբառը, Vienne, 1899. Il y a aussi un petit article dans la revue Բիւրակն, 1898, p. 317. On trouve des textes dans le même ouvrage, pp. 5-8, 95 et suivantes. Un autre petit texte en parler de Marsivan est publié dans Բիւրակն, 1900, p. 427, et des renseignements sur le parler d'Ordu, *ibid.*, p. 73.

Le système phonétique comprend :

voyelles : *a, e, ə, i, o, ue.*
consonnes : *b, p῾ ; g, k῾ ; d, t῾ ; j, c; ǰ, č̣ ; z, ž, s, š ; x, γ, h ; y, l, m, n, r, r̄, v, f.*

Parmi les changements phonétiques, nous citerons *ե* devenu *ye* comme initial des monosyllabes, mais partout ailleurs *e*; *ո* est *o* à l'initiale, *ue* dans le corps des mots. Les diphtongues *այ* > *a* ; *ոյ* > *u* ; *իւ* > *u*. Des trois degrés de consonnes de l'ancien arménien il en reste deux : les sonores et les sourdes aspirées. Les sonores et les sourdes de l'ancien arménien sont également représentées par des sonores. Les dentales précédées ou non de nasale et suivies de *r* tombent en transformant *r* en *r̄* : *sar̄* < սանդր « peigne », *gər̄el* < կարիլ « couper », *gor̄el* < կոտ(ո)րիլ « casser », *jar̄* < *jandr* < ծանր « lourd », *mar̄-mur̄* < մանոր մունոր < մանր մունր « de petites choses ».

La grammaire de Tokat ne présente pas de particularités ; elle est tout à fait conforme à celle de Constantinople et de la langue littéraire, sauf quelques rares divergences, comme le changement de *ḥ* désinentiel des verbes en *i* dans les 1res pers. du singulier et du pluriel : *gə sirim, gə sirink‘*. Le dialecte connaît, comme celui de Constantinople, deux espèces d'indicatif présent et d'imparfait : simple et instantané : *gudim* « je mange », *gudim gor* « je mange à présent » ; *gə bereyi* « j'apportais », *gə bereyi gor* « j'étais sur le point d'apporter » ; ce suffixe *gor* est, à ce que l'on croit, issu du turc *yor* : *götüriyorəm* « je porte à présent », *götü-riyor-ədəm* « j'étais sur le point de porter ». Le futur est formé par *bidi*, devant voyelle, *bid* ; le parler d'Ordu dans ce dernier cas met simplement *b* : *bert‘am* « j'irai ».

16. — *Dialecte de Smyrne.*

Tandis que toute l'Asie Mineure a perdu l'arménien, les deux grandes colonies de Smyrne et d'Ismidt font exception et ont leur dialecte arménien particulier. Le dialecte de Smyrne est parlé en dehors de la grande ville de Smyrne, à Manissa, Kassaba, Ménémen, Bayəndur, Kərkaɣaj et dans les villages environnants.

Le dialecte de Smyrne n'est pas encore étudié ; il n'y a qu'un petit texte dans Հայք ի Զմիւռնիա, par Բուներան, Vienne, 1899, d'où l'on peut conclure que le dialecte de Smyrne est presque le même que celui de Constantinople avec quelques menues différences.

17. — *Dialecte d'Ismidt.*

Le cercle d'Ismidt a deux villes : Ismidt et Adapazar et beaucoup de villages arméniens ; nous citerons Yalova, Aslanbek, Bardizak ou Bah‘éjik, Pazarköy, Geïve, Ortaköy, Sölöz, Benli, Iznik et d'autres. On a publié quelques textes en dialecte de ces différentes localités dans la revue Բիւրակն ; de Geïve, 1900, pp. 563, 579, 598, 618 ; de Bardizak, 1898, pp. 396, 471 ;

d'Ovajək, 1898, pp. 473, 540 ; d'Adapazar, 1898, pp. 597, 887 ; 1900, p. 676 ; de Benli, 1898, p. 120. Ces parlers présentent en effet quelques différences entre eux, mais il semble qu'il faille les classer sous un même chapitre et les considérer comme des sous-dialectes. L'insuffisance des textes et la façon non scientifique dont ont été publiés ceux qu'on possède ne me permettent pas de tracer les limites de ces sous-dialectes. Comme le parler d'Aslanbek présente la forme la plus originale, je l'ai étudié à Paris avec la collaboration de M. A. Nalbandian, originaire d'Aslanbek. Mon étude a été publiée d'abord dans le ֲ, puis séparément à Venise, 1898, sous le titre ֲ ֲ ֲ. J'ai expérimenté aussi la voix de M. Nalbandian avec l'appareil phonétique de M. l'abbé Rousselot. Le résultat est publié dans ma brochure intitulée : *Les explosives de l'anc. arm.*, extrait de la *Parole*, Paris, 1899.

Le système phonétique du dialecte d'Aslanbek contient les phonèmes suivants :

voyelles : *a, ä, ạ* (*a* nasale), *e, ė, ə, i, o, ö, ü.*
consonnes : *b, p‘; g, k‘; d, t‘; j, ç; ǰ, č; z̧, x̧, s, š; y, r, r̄, l, ļ, v, f, m, n; x, γ, h.*

Parmi les changements phonétiques nous remarquerons : ա > *ä* sans règle connue, *ạ* devant nasale, *ö* devant nasale suivie de consonnes : *gösnal* < ֲ (ֲ) « connaître », *örzäv* < ֲ « pluie », *t‘örzə* < ֲ « épais » ; ա > *e* devant nasale suivie de ֲ, ո : *enüš* < ֲ (ֲ) « doux », *enün* < ֲ « nom », *enöt‘i* < ֲ « affamé », *emür* < ֲ « fort »; ա > *o* devant nasale suivie de ֲ : *móryə* < ֲ « petit », *jóryə* < ֲ « lourd », *sóryə* < ֲ < ֲ « peigne ». — ֲ devient *e* à l'initiale des mots, ailleurs *ė* ; ո > *ö* en général, mais *a* devant nasale; *gameš* < ֲ « buffle » ; ֲ > *ü*; ֲ > *a* (sous l'accent), *e* (sans accent) : *har* < ֲ « père », *erel* < ֲ « brûler »; ֲ, ֲ > *ü*.

Le traitement des consonnes est très curieux : le dialecte d'Aslanbek évite le groupe formé par explosive suivie d'une consonne soit dans le corps des mots, soit à la rencontre de deux mots

consécutifs ayant l'un une explosive finale et l'autre une consonne initiale. Dans ces cas *g* est changé en *y*; les explosives
k', *b*, *p'*, *d*, *t'* sont tombées, mais leur place est indiquée par un
serrement de gorge, que j'indiquerai par une astérisque. Les
chuintantes *j*, *č*, *ǰ*, *ç* perdent dans ce cas leur partie dentale (c.-
à-d. l'explosive) et deviennent tout simplement *ž*, *š*, *z*, *s*. Dans
les deux cas, s'il y a là une nasale avant l'explosive, elle se
perd. Il va sans dire qu'il se produit dans ce cas des assimila-
tions de sonores avec les sourdes et de sourdes avec les sonores.
Voici des exemples pour tous ces cas : մուկ մի > *müy mə*, հիկզ-
տասն > *hiy dasə*, անկանել > *iynal*, շատ մարդ > *ša* mart'*, կայտ
կայ > *p'a* ga?* ոտք > *ö*k'ə*, մեծ մարդ > *mʌž mart'*, վեց որայ >
vés də-ya, տասկանալ > *dažgənal*, թանձր > *t'örzə*, բարձր > *bársə*,
ճանճ մի > *jaž mə*, անցանել > *asnil*, կարճ քիթ > *garš k'it'*, աստած է
> *əsass è*.

La grammaire est semblable à celle de Constantinople; toutefois la 1re pers. du sing. et du pluriel des verbes change la
voyelle désinentielle *ե* en *i* : *gə sirim*, *gə sirès*, *gə sirė*, *gə sirink'*,
gə sirėk', *gə sirin*. L'imparfait et le passé défini ont, comme dans
le dialecte de Tokat, *-ank'* au lieu de l'arm. anc. *-ար*, ou de l'arm.
mod. *-իք* : *gə sireank'*, *sirecank'*. La forme instantanée se forme
avec *háye* : *gə sirim háye*, *gə sireyi háye*.

18. — *Dialecte de Constantinople.*

Le dialecte de Constantinople n'est parlé que dans cette ville
et dans ses villages dispersés sur les deux rives du Bosphore.
C'est le centre de la littérature arménienne de Turquie, comme
Tiflis est celui des Arméniens de Russie. Le dialecte de Constantinople n'est pas encore étudié scientifiquement, mais il y en a une
énorme quantité de textes. En effet, quand la littérature de l'arménien moderne fut créée, c'est dans le dialecte populaire de
Constantinople qu'on publiait des livres et des journaux à Constantinople, à Venise et à Smyrne. Peu à peu cette langue populaire, corrigée au moyen de la langue ancienne, est devenue la
langue littéraire moderne des Arméniens de Turquie.

Le système phonétique du dialecte de Constantinople contient les huit voyelles suivantes : *a, e, ə, i, o, ö, u, ü* ; la voyelle *ä*. qui se trouve dans beaucoup d'autres dialectes, manque ici ; de même la différence de *ie* (*ե*), *e* (*է*) et de *uo* (*ո*), *o* (*աւ, ո*) est inconnue ; *ü* se trouve dans des mots empruntés au turc, et la langue littéraire de Constantinople s'en sert au lieu de *իւ* : *ձիւն* > Const. *jun*, litt. *cün* ; au contraire la voyelle *ö* fait défaut dans la langue littéraire, mais existe dans le parler populaire : c'est le phonème qui représente *ե* et *ո* suivis ou précédés de *ո* ou de *ե* : *K῾öröp῾e* < *Քերովբէ*, *Söröp῾e* < *Սերովբէ*, *çören* < *գորեն* (*գորեան*), *çöreg* < *գորեկ* (*գերեկ*).

Les diphtongues manquent.

Il y a deux degrés de consonnes : sonores et sourdes aspirées. Toutefois il faut remarquer que ces sonores correspondent aux sonores allemandes, et une oreille française les tient pour des sourdes. Quand il y a emphase, elles peuvent augmenter leur sonorité, et alors on aura des sonores françaises, que nous appellerons emphatiques. Pour l'étude de ces consonnes avec les appareils phonétiques de M. l'abbé Rousselot, voir ma brochure : *Les explosives de l'anc. arm.*

Les changements phonétiques ne sont pas graves dans le dialecte de Constantinople ; quoique loin du centre arménien, le dialecte est cependant bien plus fidèle à la langue classique que certains dialectes de l'Arménie. Les voyelles ont gardé la prononciation ancienne : *ա* = *a*, *ե, է* = *e* (dans tous les cas), *ը* = *ə*, *ի* = *i*, *ո, o* (*աւ*) = *o* (dans tous les cas), *ու* = *u* ; les diphtongues ont produit de simples voyelles : *այ* > *a*, *եա* > *e*, *իւ* > *u*, *ոյ* > *u* : *հայր* > *har* « père », *սեաւ* > *sev* « noir », *ձիւն* > *jun* « neige », *լոյս* > *lus* « lumière », *քոյր* > *k῾ur* « sœur ». Parmi les consonnes les sonores sont représentées par des sonores, mais après *ր* par les sourdes aspirées correspondantes. Les sourdes simples sont devenues partout sonores. Les sourdes aspirées subsistent. Le dialecte n'admet pas de γ initial ; quand un γ initial se présente. le dialecte le change en *x* : (*ուղարկել*) *ղրկել* > *xərgel* « envoyer », (*ուղեւորել*)*ղաւրել* > *xavrel* « envoyer », *Ղուկաս* > *Xugas* « Luc », *Ղազարոս* > *Xazaros* « Lazare » ; même le nom de la lettre *ղ* est prononcé *xad*.

Le type de la déclinaison est célui des anciens thèmes en *-ǐ-* ;
le pluriel est formé à l'aide de *-er* (monosyllabes) ou *-ner* (polysyllabes) ; il n'y a que quatre cas, le nominatif et l'accusatif,
le génitif et le datif ayant respectivement les mêmes formes.

N. A.	*haç*	*haç-er*
G. D.	*haç-i*	*haç-er-u*
Abl.	*haç-e*	*haç-er-e*
Ins.	*haç-ov*	*haç-er-ov*

Sauf quelques exceptions qui forment de petits groupes particuliers (surtout les substantifs abstraits en *-թիւն* > *-t'in*), tous les
autres mots se déclinent sur ce type, même les mots *շուն, սուն,*
ձուկ, ձուկ et les mots terminés en *i*, comme *գլի, գորի*, etc. :
šuni, duni, mugi, jugi, dune, juge, ginii, garii, etc.

Voici maintenant la déclinaison des pronoms :

N.	*es*	*menk'*	*dun*	*duk'*	*an*	*anonk'*	*sa*	*s(a)vonk'*
G.	*im*	*mer*	*k'u*	*jer*	*anor*	*anonç*	*savor*	*s(a)vonç*
D.	*anji*	*mezi*	*k'ezi*	*jezi*	*anor*	»	»	»
Acc.	*is,anji mezi*		*k'ezi*	*jezi*	*an*	*anonk'*	*saviga*	*s(a)vonk'*
Abl.	*izme*	*mezme*	*k'ezme*	*jezme*	*ange*	*anonçme*	*sage*	*s(a)vonçme*
Instr.	*izmov*	*mezmov*	*k'ezmov*	*jezmov*	*anov*	*anonçmov*	*savov*	*s(a)voncmov*

On a aussi *as, ad, asiga, adiga, aniga, asigag, adigag, anigag,*
da, na, saviga, daviga, naviga, saviga, daviga, naviga, savigag, davigag,
navigag, savigag, davigag, navigag qui se déclinent tout simplement
comme *an* et *sa*.

La conjugaison des verbes présente les types *-el*, *-il*, *-al* et
-nel, *-nil*, *-nal*. Nous donnons ici les paradigmes du verbe *սիրել*
comme type de la première conjugaison.

Prés.	Imparf. instant.	Plus-que-parf.
gə sirem	*gə sireyi gor*	*sirer eyï*
gə sires	*gə sireyir gor*	*sirer eyir*
gə sire	*gə sirer gor*	*sirer er*

gə sirenkʿ	*gə sireyinkʿ gor*	*sirer eyinkʿ*
gə sirekʿ	*gə sireyikʿ gor*	*sirer eyikʿ*
gə siren	*gə sireyin gor*	*sirer eyin*

Prés. instantané	Passé déf.	Futur
gə sirem gor	*sireçi*	*bidi sirem*
gə sires gor	*sireçir*	*bidi sires*
gə sire gor	*sireç*	*bidi sire*
gə sirenkʿ gor	*sireçinkʿ*	*bidi sirenkʿ*
gə sirekʿ gor	*sireçikʿ*	*bidi sirekʿ*
gə siren gor	*sireçin*	*bidi siren*

Imparf.	Passé ind.	Futur passé
gə sireyi	*sirer em*	*bidi sireyi*
gə sireyir	*sirer es*	*bidi sireyir*
gə sirer	*sirer e*	*bidi sirer*
gə sireyinkʿ	*sirer enkʿ*	*bidi sireyinkʿ*
gə sireyikʿ	*sirer ekʿ*	*bidi sireyikʿ*
gə sireyin	*sirer en*	*bidi sireyin* .

Impératif	Subj. prés.	Subj. passé
siré	*sirem*	*sireyi*
mə sirer	*sires*	*sireyir*
sirecekʿ	*sire*	*sirer*
mə sirekʿ	*sirenkʿ*	*sireyinkʿ*
	sirekʿ	*sireyikʿ*
	siren	*sireyin*

Partie. *sirel, siraj, sirer, sirelu, sirelikʿ*.

Les participes *siraj, sirelu* peuvent fournir divers temps composés, comme *siraj em, siraj eyi, siraj gəllam, siraj gəllayi, siraj eʿa, sirelu eyi, sirelu eʿa, siraj bidi əllam, siraj bidi əllayi, siraj əllalu əllam, siraj əllalu əllayi, sirelu gəllam, sirelu gəllam gor, sirelu gəllayi, sirelu gəllayi gor*, etc., etc.

Comme nous l'avons dit plus haut, le dialecte de Constantinople n'est pas encore étudié; j'en ai préparé une étude complète qui est encore inédite. Les très nombreux textes publiés en ce dialecte (comédies, journaux satiriques, chansons populaires, etc.) ne présentent pas de valeur scientifique ; je ne peux renvoyer qu'à mon recueil de textes populaires en transcription scientifique, publié dans Ազգագր. Հանդէս, IX, p. 160-196.

19. — Dialecte de Rodosto.

Dans la Turquie d'Europe la seule colonie arménienne qui n'ait pas perdu sa langue est celle de Rodosto et de Malgara, deux villes voisines. Leur parler n'est pas encore étudié, et il n'y a qu'une prière populaire de Malgara, publiée dans Բիւրակն, 1898, p. 756. Heureusement, mes renseignements personnels me permettent de décrire ici la structure du dialecte de Rodosto.

Ce dialecte ne diffère pas beaucoup de celui de Constantinople. Le système phonétique est le même. Les consonnes n'ont que deux séries : sonores et sourdes aspirées ; *les sonores de l'ancien arménien sont devenues ici sourdes aspirées,* les sourdes sont devenues sonores, mais les sourdes aspirées subsistent sans changement. Le premier changement, que nous avons observé aussi à Malatia, est très curieux. On sait que la langue littéraire de Constantinople change les sonores de l'ancien arménien en sourdes aspirées, contrairement au dialecte populaire de la même ville ; de façon qu'il arrive constamment qu'une même personne parle de deux manières : à la manière dialectale elle prononce *b* < p, mais à la manière littéraire elle prononce *p'* < ք. Ce dualisme de prononciation avait toujours étonné les savants, et on croyait que c'étaient les lettrés de Constantinople qui avaient créé artificiellement cette espèce de prononciation. Le système phonétique de Rodosto et celui de Malatia viennent ruiner cette théorie et prouver que la prononciation littéraire de Constantinople est l'œuvre d'une colonie arménienne venue de Rodosto ou de Malatia. Les premiers lettrés de Constantinople auraient appartenu à cette colonie et importé leur prononciation.

La déclinaison et la conjugaison de Rodosto sont comme à

Constantinople; seulement le *ɻ* désinentiel est changé en *i* : *gə
sirim*, *gə sirin*. Ici aussi on a la forme *gor* pour l'instantané de
l'indicatif présent et de l'imparfait : *gə sirim*, *gə sirim gor*, *gə
sireyi*, *gə sireyi gor*; la 1re personne du pluriel de l'imparfait et du
passé défini sont en *-ank*ʻ : *gə sireankʻ*, *sirecankʻ*; le futur est formé
avec *bədə* ou *bədər* (< *պիտի* , *պիտի որ*), *bədə əsim*, *bədər əsim*, *bədə əseyi*.

20. — *Dialecte de Naxičevan sur le Don.*

Ce dialecte n'était parlé d'abord qu'en Crimée. En 1779 une
grande colonie d'Arméniens quitta ce pays, et émigra en Russie
méridionale où elle fonda la ville de Naxičevan sur le Don. De cette
ville les Arméniens se sont répandus à Rostov, Stavropol, Yéka-
térinodar, Yékatérinoslav, Anapa, Maïkop, Taganrog, Dniebr,
Nogaïsk et Novo- Čerkask. Les Arméniens de ces villes parlent
le dialecte de Naxičevan sur le Don. En Crimée les villes habitées
par les Arméniens parlant ce même dialecte sont : Féodosia,
Simféropol, Karasubazar, Baɣčeseraï et Eupatoria. Mais les Arméniens de Kerč, Yalta et Sévastopol sont maintenant des colonies
de Trébizonde.

Le dialecte de Naxičevan sur le Don se rapproche beaucoup de
celui de Constantinople; il a comme celui-ci les voyelles *a, e, ə, i,
o, u, ö, ü* ; les deux dernières ne se trouvent que dans les mots
empruntés au turc, sauf *cöreg* < *չօրեկ* (*գերեկ*) « midi ». Les
diphtongues manquent. Il y a deux degrés de consonnes : sonores
et sourdes aspirées. Les sonores et les sourdes de l'ancien arménien sont traitées comme sonores, mais les sourdes aspirées subsistent. La consonne *r* est prononcée d'une manière très douce, de
façon qu'elle s'approche beaucoup de *ʒ* ; déjà dans les mots *ʒekʻ* <
երեք « trois », *ʒenkʻ* < *իրենք* (*իրեանք*) « eux-mêmes », *ʒenc* <
իրենց (*իրեանց*) « d'eux-mêmes, leur » (*r* précédé de *i* et suivi de *e*)
elle est devenue tout à fait *ʒ*, et dans les mots *երթալ* > *eśtʻal*,
մարդ > *maśt*, etc., elle se prononce comme *ś*.

La déclinaison et la conjugaison sont comme à Constantinople,
sauf l'accusatif qui est identique au datif comme dans la branche

d'*um*; je donne ici les pronoms qui présentent quelques divergences.

N.	*yes*	*mink'* ou *menk'*	*dun*	*duk'*	*na*	*nak'a*
G.	*im*	*mer*	*k'u*	*jer*	*nara*	*naça*
D.A.	*ənji*	*mezi*	*k'ezi*	*jezi*	*naran*	*naça*
Abl.	*ənjimen*	*mezimen*	*k'ezimen*	*jezimen*	*naramen*	*naçamen*
Instr.	*ənjimov*	*mezimov*	*k'ezimov*	*jezimov*	*naramov*	*naçamov*

N.	*isa*		*as*	*asvigə*
G. D. Acc.	*isəvor, səvor*		*asor*	*asəvor*
Abl.	*isəvorme, səvorme*		*asorme*	*asəvorme*
Instr.	*isəvormov, səvormov*		*asov*	*asəvov, asəvormov*

On dit de même :

ida, ad, adəvor; ina, an, anəvor.

Dans la conjugaison des verbes, il faut remarquer d'abord les trois formes du préfixe de l'indicatif présent et de l'imparfait : *g*, *gə*, *k'ə*. La première est pour les verbes à initiale vocalique, la deuxième pour les verbes à initiale sonore et la troisième pour les verbes à initiale sourde aspirée : *g eṡt'am* > 4'* երթամ* « je vais », *gə berim* < 4*ը բերեմ* « j'apporte », *k'ə sirim* « j'aime ». La désinence *ե* est devenue ici *i*, sauf à la troisième pers. du sing. Voici les paradigmes du verbe *սիրեմ* :

Prés.	Plus-que-parfait	Subj. prés.
k'ə sirim	*siril eyi*	*sirim*
k'ə siris	*siril eyir*	*siris*
k'ə sire	*siril er*	*sire*
k'ə sirink'	*siril eyink'*	*sirink'*
k'ə sirik'	*siril eyik'*	*sirik'*
k'ə sirin	*siril eyin*	*sirin*

Imparf.	Futur	Passé
k'ə sireyi	*bidi sirim*	*sireyi*

k'ə sireyir	*bidi siris*	*sireyir*
k'ə sirer	*bidi sire*	*sirer*
k'ə sireyink'	*bidi sirink'*	*sireyink'*
k'ə sireyik'	*bidi sirik'*	*sireyik'*
k'ə sireyin	*bidi sirin*	*sireyin*

Passé déf.	Futur passé	Participes
sireçi	*bidi sireyi*	*siril*
sireçir	*bidi sireyir*	*siraj*
siriç	*bidi sirer*	*sirelu*
sireçink'	*bidi sireyink'*	
sireçik'	*bidi sireyik'*	
sireçin	*bidi sireyin*	

Passé indéf.	Impér.
siril im	*sire*
siril is	*mi siril*
siril e	*sireçek'*
siril ink'	*mi sirik'*
siril ik'	
siril in	

Comme étude du dialecte de Naxičevan sur le Don nous n'avons rien à citer. Mais il y a dé bons textes ; ce sont :

К. Паткановъ. Матеріалы для изученія арм. нарѣчій, I. Говоръ Нахичеванскій. Saint-Pétersbourg, 1875.

Ա. Պատկանեանի ընտիր երկասիրութիւններր, vol. I et II, Saint-Pétersbourg, 1893, vol. III, Rostov, 1904.

Տիգրանեան. Գ. — Առած ք, Առածումծ ք և զրոյց ք Նոր-Նախիջեանի. Rostov, 1892.

Quelques contes dans la série « Հայ ժողովրդական հեքիաթներ » par Տիգրան Նաատարդեանց, et beaucoup de choses dans les journaux Նոր-Կեանք et Մեր Ձայնր, publiés à Naxičevan sur le Don, 1906-9.

21. — *Dialecte d'Autriche-Hongrie.*

Les Arméniens dispersés en Pologne, Boukovine, Transilvanie et Hongrie parlent un dialecte, que nous proposons d'appeler ainsi. Le dialecte de Pologne est étudié par Hanusz : Sur la langue des Arméniens polonais, I. *Mots recueillis à Kuti*, Cracovie, 1886, et ses *Beiträge zur Armenischen Dialectologie*. Le dialecte de Suczawa a été étudié par moi-même (voir la revue Բազմավէպ, 1899, pp. 112-4, 218-220, 325-327, 516-519, 557-560 (la suite est encore inédite). Comme ce dernier est le principal représentant de la colonie autrichienne, je tracerai ici la structure de ce dialecte.

Le dialecte de Suczawa connaît les voyelles : *a, e, ə, i, o, u*; les diphtongues sont *au, iu, ou, ie, ieu, iə*; *au* et *iu* sont les représentants de l'ancien arménien աւ et իւ : ցաւ > *çáu* « douleur », պատիւ > *badíu* « honneur; *ie* est le représentant de ե comme dans les dialectes de Muš et de Van; mais ici le parallélisme manque parce que *uo* < ո fait défaut; *iə* est une diphtongue qui n'existe pas ailleurs et provient de ի : սիրտ > *siərd* « cœur ».

Les consonnes offrent trois degrés : sonores, sonores aspirées et sourdes aspirées; les sonores de l'ancien arménien sont devenues ici sonores aspirées, les sourdes sont devenues sonores, mais les sourdes aspirées restent.

Le signe du pluriel est *-ier, -nier*, mais on connaît aussi *-əsdan* comme à Erzeroum; l'accusatif a toujours *z-*; l'instrumental est en *-ou* représentant *-ով*.

Les pronoms sont :

N.	*yes*	*dhun*	*mienk'*	*na, an*	*anonk'*
G.	*zim*	*zk'u*	*mier*	*nara*	*naça*
D.	*inji*	*k'ezi*	*mezi*	*nara*	*naça*
Acc.	*zis*	*zk'iez*	*zmiez*	*nara*	*naça*
Abl.	*zimme*	*zk'ume*	*merme*	*narame*	*naçame*
Instr.	*inji hed*	*k'ezi hed*	*mier hed*	*nara hed*	*naça hed*
N.		*ink'ə*		*ironk'*	

G. D. *irien*   *irienç*
Acc.   *zink'ə*   *zironk'*
Abl.   *irenme*   *irençme*
Instr. *iren hed*   *irençmou*

Le préfixe de l'indicatif présent et de l'imparfait est *gi*; les désinences sont de même en *i* :

Prés. *gi sirim, gi siris, gi sire, gi sirink', gi sirik', gi sirin.*

Imparf. *gi sireyi, gi sireyis, gi sirer, gi sireyink', gi sireyik', gi sireyin* (on le voit, la deuxième pers. du sing. demande la désinence *s* par assimilation au présent, chose qui n'existe dans aucun autre dialecte).

Passé défini. — L'ancienne forme du passé défini (* սիրեցի*, etc.) n'est plus employée; on l'a remplacée, de même qu'en français, par le passé indéfini : *siril im, siril is,* etc. formé comme à Naxičevan sur le Don.

Le futur est formé avec *bidor*, mais en Hongrie par *bi* : *bidor sirim, bidor sireyis, bi sirim, bi sireyi,* etc.

Pour des textes en différents parlers d'Autriche-Hongrie, voir dans :

Հ. Գր. Գովրիկեան — Դրանսիլուանիոյ Հայոց մեթրապօլիս. Vienne, 1896.

—   — Հայոց Եղիսաբեթուպոլիս. Vienne, 1893.

L. Patrubány. — *Sprachwissenschaftliche Abhandlungen*, I et II.

APPENDICE. — Il convient de mentionner ici la langue des tsiganes arméniens, dont le vocabulaire seul est tsigane, mais dont le système phonétique et grammatical est arménien de la branche de *gə*, à en juger par les données qu'on possède. Ces données ont été rassemblées et étudiées par M. F. N. Finck, *Die Sprache der Armenischen Zigeuner* (dans les Запиɔки de l'Académie de Saint-Pétersbourg, cl. hist.-phil., VIII, n° 5).

III. BRANCHE DE -*EL*

La branche de -*el* comprend trois dialectes :

1. Dialecte de Maraɣa.
2. Dialecte de Xoy.
3. Dialecte d'Artwin.

I. — *Dialecte de Maraɣa.*

Ce dialecte est parlé des deux côtés du lac d'Ourmia : du côté oriental, dans la ville de Maraɣa, et du côté occidental, dans la ville d'Ourmia, avec les villages environnants. On n'a absolument rien publié sur ce dialecte très curieux, sur lequel j'ai préparé une étude complète, encore inédite.

Dans le système phonétique du dialecte de Maraɣa la série des voyelles et des diphtongues est très riche ; on en compte quatorze :

a, ä, e, ə, ə̀, i, o, ö, u, ü, ə^i, u^i, əe, ue.

Les consonnes sont : b, p, p'; g, k, k'; g^y, k^y, k'^{y}, d, t, t'; j, c, ç; j̇, ċ, c̀ ; ʒ, ʒ̇, s, s̀ : x, ɣ, h, h^v; y, r, ṙ, l, v, w, f, m, n.

Le ə équivaut au russe ы ; les diphtongues əe, ue, ə^i, u^i peuvent être notées à peu près əe, ue, əi, ui, prononcées vite. Dans les consonnes, il y a trois séries : sonores, sourdes et sourdes aspirées ; le dialecte connaît aussi les consonnes palatalisées g^y, k^y, k'^{y}, h^v et la semi-voyelle w, prononcée à la manière anglaise.

Parmi les changements phonétiques nous remarquerons : ш > a ou ä ; ե à l'initiale *ye* dans les monosyllabes, *e* dans les polysyllabes, dans le corps des mots *e*, əe, *i* ; ի > *i*, ə^i, ə : գարի > k'ärə « orge », դպիր > təpə^{i}r « chanteur dans l'église » ; ո > və^i à l'ini-

tiale : *ոսպ* > *və'sp* « lentille », *որդի* > *vɔ'rt'ɔ* « fils », etc. ; dans
le corps des mots, *ո* donne *o, ö. ɔⁱ, uⁱ, ue*, suivant les cas : *գործ* >
ku'rc « œuvre », *խոտ* > *xu'ı* « herbe », *հող* > *xue̊ɣ* « sol », *հոգի*
> *xok'ɔ* « âme », *գլորել* > *kʰüllorel* « rouler », *եպիսկոպոս* > *yepɔs-*
kapɔ's « évêque » ; *ո* > *u. u', ü* : *ջուր* > *čür* « eau », *տուն* > *tun*
« maison », *խուրձ* > *xu'rc* « gerbe » ; *օ* > *e* : *հայր* > *xer* « père »,
ձայն > *cen* « voix » ; *ի* > *ü, i* : *հարիւր* > *xärir* « cent », *ձիւն* >
cün « neige » ; *ոյ* > *ü, uⁱ* : *լոյս* > *lu's* « lumière », *քոյն* > *k'ǘn*.
La mutation des consonnes est exactement la même qu'à Van et
dans le Karabagh ; de plus *h* est toujours devenu *x*.

Toute la grammaire est fondée sur des lois d'harmonie vocalique ; les suffixes et les terminaisons des noms et des verbes
changent leur voyelle suivant les voyelles radicales du mot. Par
exemple l'article défini est *a* si la voyelle de la syllabe finale du
mot est *a* ou *u*, mais *ä* si elle est *ä, e, ü*, etc. ; le signe du génitif
est *ɔ* si la voyelle de la syllabe finale du mot est *a, ɔ*, mais *ü* pour
u, ö ; *u* pour *u, o* ; *i* pour *i*, etc. ; même le verbe auxiliaire est sou-
mis à ces lois. Le pluriel est formé avec -*ir* (pour les monosyllabes),
-*nir* (pour les mots terminés par voyelles), -*k'ir* (pour les mots
polysyllabiques terminés par consonnes) ; la chute des voyelles
n'existe pas ici : en face de *քիթ*, *k'it'i*, de *միսի*, *misi*, de *սրտի*, *sirti*,
etc. Les cas de la déclinaison sont nom., gén.-dat., acc., abl.,
instr. ; le locatif manque, et l'accusatif est comme dans la branche
de -*um*.

Comme nous l'avons dit plus haut le thème de l'indicatif
présent est formé dans cette branche par l'infinitif conjugué avec
l'auxiliaire : on dit *üzeli im* ou *üzelim*, etc. Toutes les formes du
passé sont formées en ajoutant -*er* au présent sans différence de
personne.

Voilà les paradigmes du verbe *ուզել* :

Prés.	Passé déf.	Passé ind. I
üzelim	üzum	üzac im
üzelis	üzir	üzac is
üzeli	üziç	üzac ɔ

üzelink'ʸ *üzunk'* *üzac ink'ʸ*
üzelek'ʸ *üzuk'* *üzac ek'ʸ*
üzelin *üzun* *üzac in*

Imparf.	Passé ind. II	Plus-que-parf. I
üzelim er	*üzir im*	*üzir im er*
üzelis er	*üzir is*	*üzir is er.*
üzelér	*üzir i*	*üzir er*
üzelink'ʸ er	*üzir ink'ʸ*	*üzir ink'ʸ er*
üzelék'ʸ er	*üzir ek'ʸ*	*üzir ek'ʸ er*
üzelin er	*üzir in*	*üzir in er*

Plus-que-parfait I	Futur passé I	Participes
üzac im er	*üzolu im er*	*üzil*
üzac is er	*üzolu is er*	*üzac*
üzac er	*üzolu er*	*üzir*
üzac ink'ʸ er	*üzolu ink'ʸ er*	*üzolu*
üzac ek'ʸ er	*üzolu ek'ʸ er*	
üzac in er	*üzolu in er*	

Futur I	Impératif
küzüm	*üzü*
küzis	*mi üzü*
küzü	*üzek'ʸ*
küzink'ʸ	*mi üzek'ʸ*
küzek'ʸ	
küzin	

Futur II	Subj. présent
üzolu im	*üzüm*
üzolu is	*üzis*
üzolu	*üzü*
üzolu ink'ʸ	*üzink'ʸ*
üzolu ek'ʸ	*üzek'ʸ*
üzolu in	*üzin*

Futur passé II   Subj. passé

küžüm er	*üžüm er*
küžis er	*üžis er*
küžer	*üžer*
küžink^{es} er	*üžink'y er*
küžek'y er	*üžek'y er*
. küžin er	*üžin er*

2. — *Dialecte de Xoy.*

Le dialecte de Xoy s'étend assez loin ; il occupe non seulement Xoy, le district de Salmas entièrement et Maku en Perse, mais aussi Iɣdir et Naxičevan du Caucase. Pendant l'émigration de 1828, une colonie d'Arméniens de Salmas s'est installée dans le Karabagh, où elle a fondé les villages Kori, Aliɣuli, Muɣanjuɣ, K'arašên dans le district de Zangezur et les villages Alilu, Ange-ɣakot´, Ĝušči-Tazakend, Uz, Mazra, Balak, Šaɣat, Lcen, Kara-klissa, Nerk'in-Karaklissa dans le district de Sisian.

Le dialecte de Xoy occupe une place intermédiaire entre les dialectes de Van et de Maraɣa, mais les lois phonétiques sont comme à Van ; c'est-à-dire que le dialecte est bien plus proche de l'ancien arménien que celui de Maraɣa.

Comme texte écrit en ce dialecte nous citerons deux contes dans Էմինեան Ազգագրական ժողովածու, II, pp. 300-304 et IV, pp. 343-350.

3. — *Dialecte d'Artwin.*

Le dialecte d'Artwin est parlé principalement dans la ville d'Artwin, ainsi qu'à Ardahan, Ardanuš et Olti. Il occupe une place intermédiaire entre les dialectes d'Erzeroum, de Tiflis et de Xoy.

Le système phonétique du dialecte d'Artwin est semblable à

celui de Tiflis; il connaît les trois degrés de consonnes : sonores,
sourdes et sourdes aspirées ; * այ* devient *e* : *այս* > *es* « ceci »,
այդ > *ed* « cela », *այն* > *n* « celui-là »e, *այլ* > *el* « aussi », *այգի*
> *egi* « vigne » ; *r* est tombé dans le mot *hama* < *համար*
« pour », de même qu'à Tiflis. On notera la chute de *v* dans *ra*
« sur » (au lieu de *ի վերայ*), inconnue ailleurs : *k'ari ra* « sur la
pierre », *jiyu ra nǝsta* « je suis monté sur le cheval », *cari ra
ver ancav* « il monta sur l'arbre ». Le phonème *ç* n'est pas changé
en *x* contrairement aux dialectes de Maraɣa et de Xoy.

Dans la déclinaison nous remarquerons : l'ablatif en -*men*,
caractéristique du dialecte de Tiflis : *Art'vinumen* « d'Artwin »,
Savet'umen « de Savet' ». Le génitif pl. est en -*eru* ; le locatif en
-*um* est courant.

La conjugaison diffère de celle de Titlis en ce que le suffixe
-*um* manque tout à fait. Le dialecte d'Artwin forme son indicatif
à la manière du groupe de -*el* : *ǝlneli e* « il devient », *p'ǝndǝrelis e*
« il cherche », *cem ka* ou *cem kayi ert'li* « je ne peux pas aller »,
vorti es ert'li « où vas-tu », *cem kayi xoseli* « je ne peux pas parler ». Le futur est formé avec *ku* : *ku ašin* « ils regarderont ». *ku
dus ga* « il sortira », *ku p'ǝntǝrin* « ils chercheront ».

Dans les désinences verbales *ե* > *i* : *ašiç* « il regarda », *p'ǝn-
tǝriç* « il chercha », *ku p'ǝntǝrin* « ils chercheront ».

Sur ce dialecte il n'y a aucune étude ; on n'en a même pas un
petit texte. Les renseignements que je viens de donner sont dus
à mes observations personnelles.

––––––––

Les colonies arméniennes d'Europe, d'Egypte et d'Amérique
n'ayant été formées que dans les dernières années et se compo-
sant d'Arméniens de diverses régions ne présentent pas de dialectes spéciaux ; dans la mesure où il continue à employer l'arménien, chaque groupe garde le dialecte de son pays d'origine.

ERRATA

P.   3.   l. 10,   au lieu de *ձ, Հ,*   lire *Հ, ձ*
— 22 — 3   —   5   — 15
— 33 — 13   —   *piril*   — *piril*
— 42 — 14, 21   —   *ɔm*   — *ɔm*
— 46 — 10   *ž̌ ǰ*   — *ž̌, ǰ*
— 51 — 27   *ky*   — *k'y*
— 57 — 14   —   *նեղ*   — *ձևq*
— 60 — 23   —   *< լեռ*   — *>լեռ*

— 66, Sur le dialecte d'Akn, M. Gabrielean publie une étude, encore inachevée. dans le *Hantes*, depuis le numéro de juin 1908.

TABLE DES MATIÈRES

MACON, PROTAT FRÈRES, IMPRIMEURS

CPSIA information can be obtained
at www.ICGtesting.com
Printed in the USA
BVHW03s1627260418
514512BV00011B/308/P